LÉGENDE

Infinitif; Anglais ; auxiliare ; participe pas~ . . . . , ,. ._ _ _... , g.. ....

Présent: je tu il nous vous ils
Imparfait: je tu il nous vous ils
Futur Simple: je tu il nous vous ils
Conditionnel: je tu il nous vous ils
Passé Simple: je tu il nous vous ils
Subjonctif: je tu il nous vous ils

*Être + Participle Passé = masculine singulier (feminine singulier)(pluriel)

Les Verbes Avec Le Suffixe -ER

Aller; to go ; être ; allé(e)(s); allant
Présent: vais vas va allons allez vont
Imparfait: allais allais allait allions alliez allaient
Futur Simple: irai iras ira irons irez iront
Conditionnel: irais irais irait irions iriez iraient
Passé Simple: allai allas alla allâmes allâtes allèrent
Subjonctif: aille ailles aille allions alliez aillent

Donner; to give ; avoir ; donné ; donnant
Présent: donne donnes donne donnons donnez donnent
Imparfait: donnais donnais donnait donnions donniez donnaient
Futur Simple: donnerai donneras donnera donnerons donnerez donneront
Conditionnel: donnerais donnerais donnerait donnerions donneriez donneraient
Passé Simple: donnai donnas donna donnâmes donnâtes donnèrent
Subjonctif: donne donnes donne donnions donniez donnent

Acheter; to buy ; avoir ; acheté ; achetant
Présent: achète achètes achète achetons achetez achètent
Imparfait: achetais achetais achetait achetions achetiez achetaient
Futur Simple: achèterai achèteras achètera achèterons achèterez achèteront
Conditionnel: achèterais achèterais achèterait achèterions achèteriez achèteraient
Passé Simple: achetai achetas acheta achetâmes achetâtes achetèrent
Subjonctif: achète achètes achète achetions achetiez achètent

Préférer; to prefer ; avoir ; préféré ; préférant
Présent: préfère préfères préfère préférons préférez préfèrent
Imparfait: préférais préférais préférait préférions préfériez préféraient
Futur Simple: préférerai préféreras préférera préférerons préférerez préféreront
Conditionnel: préférerais préférerais préférerait préférerions préféreriez préféreraient
Passé Simple: préférai préféras préféra préférâmes préférâtes préférèrent
Subjonctif: préfère préfères préfère préférions préfériez préfèrent

Manger; to eat ; avoir ; mangé ; mangeant
Présent: mange manges mange mangeons mangez mangent
Imparfait: mangeais mangeais mangeait mangions mangiez mangeaient
Futur Simple: mangerai mangeras mangera mangerons mangerez mangeront
Conditionnel: mangerais mangerais mangerait mangerions mangeriez mangeraient
Passé Simple: mangeai mangeas mangea mangeâmes mangeâtes mangèrent
Subjonctif: mange manges mange mangions mangiez mangent

Commencer ; to begin; avoir ; commencé ; commençant
Présent: commence commences commence commençons commençez commencent
Imparfait: commençais commençais commençait commencions commenciez commençaient
Futur Simple: commencerai commenceras commencera commencerons commencerez commenceront
Conditionnel: commencerais commencerais commencerait commencerions commenceriez commenceraient
Passé Simple: commençai commenças commença commençâmes commençâtes commencèrent
Subjonctif: commence commences commence commencions commenciez commencent

Essayer ; to try ; avoir ; essayé ; essayant
Présent: essaie essaies essaie essayons essayez essaient
Imparfait: essayais essayais essayait essayions essayiez essayaient
Futur Simple: essaierai essaieras essaiera essaierons essaierez essaieront
Conditionnel: essaierais essaierais essaierait essaierions essaieriez essaieraient
Passé Simple: essayai essayas essaya essayâmes essayâtes essayèrent
Subjonctif: essaie essaies essaie essayions essayiez essaient

Employer ; to employ, to use ; avoir ; employé ; employant
Présent: emploie emploies emploie employons employez emploient
Imparfait: employais employais employait employions employiez employaient
Futur Simple: emploierai emploieras emploiera emploierons emploierez emploieront
Conditionnel: emploierais emploierais emploierait emploierions emploieriez emploieraient
Passé Simple: employai employas employa employâmes employâtes employèrent
Subjonctif: emploie emploies emploie employions employiez emploient

Jeter ; to throw ; avoir ; jeté ; jetant
Présent: jette jettes jette jetons jetez jettent
Imparfait: jetais jetais jetait jetions jetiez jetaient
Futur Simple: jetterai jetteras jettera jetterons jetterez jetteront
Conditionnel: jetterais jetterais jetterait jetterions jetteriez jetteraient
Passé Simple: jetai jetas jeta jetâmes jetâtes jetèrent
Subjonctif: jette jettes jette jetions jetiez jettent

Se Rappeler (verbe réfléchi) ; to recall ; être ; rappelé(e)(s) ; rappelant
Présent: rappelle rappelles rappelle rappelons rappelez rappellent
Imparfait: rappelais rappelais rappelait rappelions rappeliez rappelaient
Futur Simple: rappellerai rappelleras rappellera rappellerons rappellerez rappelleront
Conditionnel: rappellerais rappellerais rappellerait rappellerions rappelleriez rappelleraient
Passé Simple: rappelai rappelas rappela rappelâmes rappelâtes rappelèrent
Subjonctif: rappelle rappelles rappelle rappellions rappelliez rappellent

Appuyer ; to push ; avoir ; appuyé ; appuyant
Présent: appuie appuies appuie appuyons appuyez appuient
Imparfait: appuyais appuyais appuyait appuyions appuyiez appuyaient
Futur Simple: appuierai appuieras appuiera appuierons appuierez appuieront
Conditionnel: appuierais appuierais appuierait appuierions appuieriez appuieraient
Passé Simple: appuyai appuyas appuya appuyâmes appuyâtes appuyèrent
Subjonctif: appuie appuies appuie appuyions appuyiez appuient

Les Verbes Avec Le Suffixe -IR

Avoir ; to have ; avoir ; eu ; ayant
Présent: ai as a avons avez ont
Imparfait: avais avais avait avions aviez avaient
Futur Simple: aurai auras aura aurons aurez auront
Conditionnel: aurais aurais aurait aurions auriez auraient
Passé Simple: eus eus eut eûmes eûtes eurent
Subjonctif: aie aies ait ayons ayez aient

Finir ; to finish ; avoir ; fini ; finissant
Présent: finis finis finit finissons finissez finissent
Imparfait: finissais finissais finissait finissions finissiez finissaient
Futur Simple: finirai finiras finira finirons finirez finiront
Conditionnel: finirais finirais finirait finirions finiriez finiraient
Passé Simple: finis finis finit finîmes finîtes finirent
Subjonctif: finisse finisses finisse finissions finissiez finissent

Pouvoir ; to be able to ; avoir ; pu ; pouvant
Présent: peux peux peut pouvons pouvez peuvent
Imparfait: pouvais pouvais pouvait pouvions pouviez pouvaient
Futur Simple: pourrai pourras pourra pourrons pourrez pourront
Conditionnel: pourvais pourvais pourrait pouvrions pouvriez pouvraient
Passé Simple: pus pus put pûmes pûtes purent
Subjonctif: puisse puisses puisse puissions puissiez puissent

Partir ; to depart ; être ; parti(e)(s) ; partant
Présent: pars pars part partons partez partent
Imparfait: partais partais partait partions partiez partaient
Futur Simple: partirai partiras partira partirons partirez partiront
Conditionnel: partirais partirais partirait partirions partiriez partiraient
Passé Simple: partis partis partit partîmes partîtes partirent
Subjonctif: parte partes parte partions partiez partent

Sortir ; to exit ; être ; sorti(e)(s) ; sortant
Présent: sors sors sort sortons sortez sortent
Imparfait: sortais sortais sortait sortions sortiez sortaient
Futur Simple: sortirai sortiras sortira sortirons sortirez sortiront
Conditionnel: sortirais sortirais sortirait sortirions sortiriez sortiraient
Passé Simple: sortis sortis sortit sortîmes sortîtes sortirent
Subjonctif: sorte sortes sorte sortions sortiez sortent

Savoir ; to know ; avoir ; su ; savant
Présent: sais sais sait savons savez savent
Imparfait: savais savais savait savions saviez savaient
Futur Simple: saurai sauras saura saurons saurez sauront
Conditionnel: saurais saurais saurait saurions sauriez sauraient
Passé Simple: sus sus sut sûmes sûtes surent
Subjonctif: sache saches sache sachions sachiez sachent

Voir ; to see ; avoir ; vu ; voyant
Présent: vois vois voit voyons voyez voient
Imparfait: voyais voyais voyait voyions voyiez voyaient
Futur Simple: verrai verras verra verrons verrez verront
Conditionnel: verrais verrais verrait verrions verriez verraient
Passé Simple: vis vis vit vîmes vîtes virent
Subjonctif: voie voies voie voyions voyiez voient

Venir ; to come ; être ; venu(e)(s) ; venant
Présent: viens viens vient venons venez viennent
Imparfait: venais venais venait venions veniez venaient
Futur Simple: viendrai viendras viendra viendrons viendrez viendront
Conditionnel: viendrais viendrais viendrait viendrions viendriez viendraient
Passé Simple: vins vins vint vîmes vîtes vinrent
Subjonctif: vienne viennes vienne venions veniez viennent

Ouvrir ; to open ; avoir ; ouvert ; ouvrant
Présent: ouvre ouvres ouvre ouvrons ouvrez ouvrent
Imparfait: ouvrais ouvrais ouvrait ouvrions ouvriez ouvraient
Futur Simple: ouvrirai ouvriras ouvrira ouvrirons ouvrirez ouvriront
Conditionnel: ouvrirais ouvrirais ouvrirait ouvririons ouvririez ouvriraient
Passé Simple: ouvris ouvris ouvrit ouvrîmes ouvrîtes ouvrirent
Subjonctif: ouvre ouvres ouvre ouvrions ouvriez ouvrent

Offrir ; to offer ; avoir ; offert ; offrant
Présent: offre offres offre offrons offrez offrent
Imparfait: offrais offrais offrait offrions offriez offraient
Futur Simple: offrirai offriras offrira offrirons offrirez offriront
Conditionnel: offrirais offrirais offrirait offririons offririez offriraient
Passé Simple: offris offris offrit offrîmes offrîtes offrirent
Subjonctif: offre offres offre offrions offriez offrent

Recevoir ; to receive ; avoir ; reçu ; recevant
Présent: reçois reçois reçoit recevons recevez reçoivent
Imparfait: recevais recevais recevait recevions receviez recevaient
Futur Simple: recevrai recevras recevra recevrons recevrez recevront
Conditionnel: offrirais offrirais offrirait offririons offririez offriraient
Passé Simple: reçus reçus reçut reçûmes reçûtes reçurent
Subjonctif: reçoive reçoives reçoive recevions receviez reçoivent

Se Sentir (verbe réfléchi) ; to feel ; être senti(e)(s) ; sentant
Présent: sens sens sent sentons sentez sentent
Imparfait: sentais sentais sentait sentions sentiez sentaient
Futur Simple: sentirai sentiras sentira sentirons sentirez sentiront
Conditionnel: sentirais sentirais sentirait sentirions sentiriez sentiraient
Passé Simple: sentis sentis sentit sentîmes sentîtes sentirent
Subjonctif: sente sentes sente sentions sentiez sentent

Se Souvenir (verbe réfléchi); to remember ; être ; souvenu(e)(s) ; souvenant
Présent: souviens souviens souvient souvenons souvenez souviennent
Imparfait: souvenais souvenais souvenait souvenions souveniez souvenaient
Futur Simple: souviendrai souviendras souviendra souviendrons souviendrez souviendront
Conditionnel: souviendrais souviendrais souviendrait souviendrions souviendriez souviendraient
Passé Simple: souvins souvins souvint souvînmes souvîntes souvinrent
Subjonctif: souvienne souviennes souvienne souvenions souveniez souviennent

Les Verbes Avec Le Suffixe -RE

Être ; to be ; avoir ; été ; étant
Présent: suis es est sommes êtes sont
Imparfait: étais étais était étions étiez étaient
Futur Simple: serai seras sera serons serez seront
Conditionnel: serais serais serait serions seriez seraient
Passé Simple: fus fus fut fûmes fûtes furent
Subjonctif: sois sois soit soyons soyez soient

Faire ; to do, to make ; avoir ; fait ; faisant
Présent: fais fais fait faisons faites font
Imparfait: faisais faisais faisait faisions faisiez faisaient
Futur Simple: ferai feras fera ferons ferez feront
Conditionnel: ferais ferais ferait ferions feriez feraient
Passé Simple: fis fis fit fimes fites firent
Subjonctif: fasse fasses fasse fassions fassiez fassent

Prendre ; to take ; avoir ; pris ; prenant
Présent: prends prends prend prenons prenez prennent
Imparfait: prenais prenais prenait prenions preniez prenaient
Futur Simple: prendrai prendras prendra prendrons prendrez prendront
Conditionnel: prendrais prendrais prendrait prendrions prendriez prendraient
Passé Simple: pris pris prit prîmes prîtes prirent
Subjonctif: prenne prennes prenne prenions preniez prennent

Vendre ; to sell ; avoir ; vendu ; vendant
Présent: vends vends vend vendons vendez vendent
Imparfait: vendais vendais vendait vendions vendiez vendaient
Futur Simple: vendrai vendras vendra vendrons vendrez vendront
Conditionnel: vendrais vendrais vendrait vendrions vendriez vendraient
Passé Simple: vendus vendus vendut vendûmes vendûtes vendurent
Subjonctif: vende vendes vende vendions vendiez vendent

Peindre ; to paint ; avoir ; peint ; peignant
Présent: peins peins peint peignons peignez peignent
Imparfait: peignais peignais peignait pegnions pegniez peignaient
Futur Simple: peindrai peindras peindra peindrons peindrez peindront
Conditionnel: peindrais peindrais peindrait peindrions peindriez peindraient
Passé Simple: peignis peignis peignit peignîmes peignîtes peignirent
Subjonctif: peigne peignes peigne peignions peigniez peignent

Dire ; to say ; avoir ; dit ; disant
Présent: dis dis dit disons dites disent
Imparfait: disais disais disait disions disiez disaient
Futur Simple: dirai diras dira dirons direz diront
Conditionnel: dirais dirais dirait dirions diriez diraient
Passé Simple: dis dis dit dîmes dîtes dirent
Subjonctif: dise dises dise disions disiez disent

Mettre ; to put ; avoir ; mis ; mettant
Présent: mets mets met mettons mettez mettent
Imparfait: mettais mettais mettait mettions mettiez mettaient
Futur Simple: mettrai mettras mettra mettrons mettrez mettront
Conditionnel: mettrais mettrais mettrait mettrions mettriez mettraient
Passé Simple: mis mis mit mîmes mîtes mirent
Subjonctif: mette mettes mette mettions mettiez mettent

Lire ; to read ; avoir ; lit ; lisant
Présent: lis lis lit lisons lisez lisent
Imparfait: lisais lisais lisait lisions lisiez lisaient
Futur Simple: lirai liras lira lirons lirez liront
Conditionnel: lirais lirais lirait lirions liriez liraient
Passé Simple: lus lus lut lûmes lûtes lurent
Subjonctif: lise lises lise lisions lisiez lisent

Écrire ; to write ; avoir ; écrit ; écrivant
Présent: écris écris écrit écrivons écrivez écrivent
Imparfait: écrivais écrivais écrivait écrivions écriviez écrivaient
Futur Simple: écrirai écriras écrira écrirons écrirez écriront
Conditionnel: écrirais écrirais écrirait écririons écririez écriraient
Passé Simple: écrivis écrivis écrivit écrivîmes écrivîtes écrivirent
Subjonctif: écrive écrives écrive écrivions écriviez écrivent

Connaître ; to be aquainted with ; avoir ; connu ; connaissant
Présent: connais connais connaît connaissons connaissez connaissent
Imparfait: connaissais connaissais connaissait connaissions connaissiez connaissaient
Futur Simple: connaîtrai connaîtras connaîtra connaîtrons connaîtrez connaîtront
Conditionnel: connaîtrais connaîtrais connaîtrait connaîtrions connaîtriez connaîtraient
Passé Simple: connus connus connut connûmes connûtes connurent
Subjonctif: connaisse connaisses connaisse connaissions connaissiez connaissent

Suivre ; to follow ; avoir ; suivi; suivant
Présent: suis suis suit suivons suivez suivent
Imparfait: suivais suivais suivait suivions suiviez suivaient
Futur Simple: suivrai suivras suivra suivrons suivrez suivront
Conditionnel: suivrais suivrais suivrait suivrions suivriez suivraient
Passé Simple: suivis suivis suivit suivîmes suivîtes suivirent
Subjonctif: suive suives suive suivions suiviez suivent

Le Présent Indicatif

Beaucoup des suffixes sont irrégulier, et beaucoup des verbes ont un préfixe irrégulier aussi. Avec le présent indicatif, les verbes ont un préfixe différent pour "nous" et "vous".

Les Suffixes Réguliers

	-ER	-IR	-RE
je	-e	-s	-s
tu	-es	-s	-s
il	-e	-t	--
nous	-ons	-ons	-ons
vous	-ez	-ez	-ez
ils	-ent	-ent	-ent

Les Préfixes Pour Le Présent Indicatif

#1) Utilisez l'infinitif, mois le suffix (eg. donner ➜ donn-)
#2) Remplacez le suffixe "-er" "-ir" ou "-re" avec le suffix du présent indicatif (eg. Vous donnez).

	je tu il ils	nous vous
Aller	IRREG	all-
Donner	donn-	donn-
Acheter	achèt-	achet-
Préférer	préfèr-	préfér-
Manger	mang-	mang- (nous mangeons)
Commencer	commenc-	commenç-
Essayer	essai-	essay-
Employer	emploi-	employ-
Jeter	jett-	jet-
Rappeler	rappell-	rappel-
Appuyer	appui-	appuy-

	je tu il ils	nous vous
Avoir	IRREG-	av-
Finir	fini-	finiss-
Pouvoir	IRREG-	pouv-
Partir	par-	part-
Sortir	sor-	sort-
Savoir	sai-	sav-
Voir	voi-	voy-
Venir	vien-	ven-
Ouvrir	ouvr-	ouvr-
Offrir	offr-	offr-
Recevoir	reçoi-	recev-
Sentir	sen-	sent-
Souvenir	souvien-	souven-
Être	IRREG-	IRREG-
Faire	fai-	fais-
Prendre	prend-	pren-
Vendre	vend-	vend-
Peindre	pein-	peign-
Dire	di-	dis-
Mettre	met-	mett-
Lire	li-	lis-
Écrire	écri-	écriv-
Connaître	connai-	connaiss-
Suivre	sui-	suiv-

Voici les conjugaisons pour le temps présent indicatif:

Aller: vais vas va allons allez vont
Donner: donne donnes donne donnons donnez donnent
Acheter: achète achètes achète achetons achetez achètent
Préférer: préfère préfères préfère préférons préférez préfèrent
Manger: mange manges mange mangeons mangez mangent
Commencer: commence commences commence commençons commençez
commencent
Essayer: essaie essaies essaie essayons essayez essaient
Employer: emploie emploies emploie employons employez emploient
Jeter: jette jettes jette jetons jetez jettent
Rappeller: rappelle rappelles rappelle rappelons rappelez rappellent
Appuyer: appuie appuies appuie appuyons appuyez appuient

Avoir: ai as a avons aviez ont
Finir: finis finis finit finissons finissez finissent
Pouvoir: peux peux peut pouvons pouvez peuvent
Partir: pars pars part partons partez partent
Sortir: sors sors sort sortons sortez sortent
Savoir: sais sais sait savons savez savent
Voir: vois vois voit voyons voyez voient
Venir: viens viens vient venons venez viennent
Ouvrir: ouvre ouvres ouvre ouvrons ouvrez ouvrent
Offrir: offre offres offre offrons offrez offrent
Recevoir: reçois reçois reçoit recevons recevez reçoivent
Sentir: sens sens sent sentons sentez sentent
Souvenir: souviens souviens souvient souvenons souvenez souviennent

Être: suis es est sommes êtes sont
Faire: fais fais fait faisons faites font
Prendre: prends prends prend prenons prenez prennent
Vendre: vends vends vend vendons vendez vendent
Peindre: peins peins peint peignons peignez peignent
Dire: dis dis dit disons dites disent
Mettre: mets mets met mettons mettez mettent
Lire: lis lis lit lisons lisez lisent
Écrire: écris écris écrit écrivons écrivez écrivent
Connaître: connais connais connaît connaissons connaissez connaissent
Suivre: suis suis suit suivons suivez suivent

L'Imparfait

Les suffixes ne sont pas irrégulier.
Certains verbes ont un préfixe irrégulier.

Les Suffixes

je   -ais
tu   -ais
il   - ait
nous -ions
vous - iez
ils   -aient

Les Préfixes Pour L'Imparfait

#1) Utilisez la conjugaison du présent indicatif de "nous" (eg. Nous allons)
#2) Remplacez le suffixe "-ons" avec le suffix de l'imparfait (eg. J'allais)

Aller   all-
Donner   donn-
Acheter   achet-
Préférer   préfér-
Manger   **mange- (pour nous et vous: mang-)**
Commencer   **commenç- (pour nous et vous: commenc-)**
Essayer   essay-
Employer   employ-
Jeter   jet-
Rappeler   rappel-
Appuyer   appuy-

Avoir	av-
Finir	finiss-
Pouvoir	pouv-
Partir	part-
Sortir	sort-
Savoir	sav-
Voir	voy-
Venir	ven-
Ouvrir	ouvr-
Offrir	offr-
Recevoi r	recev-
Sentir	sent-
Souvenir	souven-

Être	**ét-**
Faire	fais-
Prendre	pren-
Vendre	vend-
Peindre	peign-
Dire	dis-
Mettre	mett-
Lire	lis-
Écrire	écriv-
Connaître	connaiss-
Suivre	suiv-

Voici les conjugaisons pour le temps imparfait:

Aller: allais allais allait allions alliez allaient
Donner: donnais donnais donnait donnions donniez donnaient
Acheter: achetais achetais achetait achetions achetiez achetaient
Préférais: préférais préférais préférait préférions préfériez préféraient
Manger: mangeais mangeais mangeait mangions mangiez mangeaient
Commencer: commençais commençais commençait commencions commenciez commençaient
Essayer: essayais essayais essayait essayions essayiez essayaient
Employer: employais employais employait employions employiez employaient
Jeter: jetais jetais jetait jetions jetiez jetaient
Rappeler: rappelais rappelais rappelait rappelions rappeliez rappelaient
Appuyer: appuyais appuyais appuyait appuyions appuyiez appuyaient

Avoir: avais avais avait avions aviez avaient
Finir: finissais finissais finissait finissions finissiez finissaient
Pouvoir: pouvais pouvais pouvait pouvions pouviez pouvaient
Partir: partais partais partait partions partiez partaient
Sortir: sortais sortais sortait sortions sortiez sortaient
Savoir: savais savais savait savions saviez savaient
Voir: voyais voyais voyait voyions voyiez voyaient
Venir: venais venais venait venions veniez venaient
Ouvrir: ouvrais ouvrais ouvrait ouvrions ouvriez ouvraient
Offrir: offrais offrais offrait offrions offriez offraient
Recevoir: recevais recevais recevait recevions receviez recevaient
Sentir: sentais sentais sentait sentions sentiez sentaient
Souvenir: souvenais souvenais souvenait souvenions souveniez souvenaient

Être: étais étais était étions étiez étaient
Faire: faisais faisais faisait faisions faisiez faisaient
Prendre: prenais prenais prenait prenions preniez prenaient
Vendre: vendais vendais vendait vendions vendiez vendaient
Peindre: peignais peignais peignait peignions peigniez peignaient
Dire: disais disais disait disions disiez disaient
Mettre: mettais mettais mettait mettions mettiez mettaient
Lire: lisais lisais lisait lisions lisiez lisaient
Écrire: écrivais écrivais écrivait écrivions écriviez écrivaient
Connaître: connaissais connaissais connaissait connaissions connaissiez connaissaient
Suivre: suivais suivais suivait suivions suiviez suivaient

Le Futur Simple

Les suffixes ne sont pas irrégulier.
Certains verbes ont un préfixe irregulier.

Les Suffixes

je   -ai
tu   -as
il   - a
nous -ons
vous -ez
ils   -ont

Les Préfixes Du Futur Simple

#1) Utilisez l'infinitif (eg. Donner)
#2) Depuis du suffixe "-er" "-ir" ou "-re" ajoutez le suffix du futur simple (eg. Je donnerai). Pour les verbes du suffixe "-re", eliminez la lettre "-e" avant d'ajouter le suffix. (eg Vous vendriez)

Aller   **ir-**
Donner   donner-
Acheter   achèter-
Préférer   préférer-
Manger   manger-
Commencer   commencer-
Essayer   **essaier-**
Employer   **emploier-**
Jeter   **jetter-**
Rappeler   rappeller-
Appuyer   **appuier-**

Avoir	**aur-**
Finir	finir-
Pouvoir	**pourr-**
Partir	partir-
Sortir	sortir-
Savoir	**saur-**
Voir	**verr-**
Venir	**viendr-**
Ouvrir	ouvrir-
Offrir	offrir-
Recevoir	**recevr-**
Sentir	sentir-
Souvenir	**souviendr-**

Être	**ser-**
Faire	**fer-**
Prendre	prendr-
Vendre	vendr-
Peindre	peindr-
Dire	dir-
Mettre	mettr-
Lire	lir-
Écrire	écrir-
Connaître	connaîtr-
Suivre	suivr-

Voici les conjugaisons pour le futur simple:

Aller: irai iras ira irons irez iront
Donner: donnerai donneras donnera donnerons donnerez donneront
Acheter: achèterai achèteras achètera achèterons achèterez achèteront
Préférer: préférerai préféreras préférera préférerons préférerez préféreront
Manger: mangerai mangeras mangera mangerons mangerez mangeront
Commencer: commencerai commenceras commencera commencerons commencerez commenceront
Essayer: essaierai essaieras essaiera essaierons essaierez essaieront
Employer: emploierai emploieras emploiera emploierons emploierez emploieront
Jeter: jetterai jetteras jettera jetterons jetterez jetteront
Rappeler: rappellerai rappelleras rappellera rappellerons rappellerez rappelleront
Appuyer: appuierai appuieras appuiera appuierons appuierez appuieront

Avoir: aurai auras aura aurons aurez auront
Finir: finirai finiras finira finirons finirez finiront
Pouvoir: pourrai pourras pourra pourrons pourrez pourront
Partir: partirai partiras partira partirons partirez partiront
Sortir: sortirai sortiras sortira sortirons sortirez sortiront
Savoir: saurai sauras saura saurons saurez sauront
Voir: verrai verras verra verrons verrez verront
Venir: viendrai viendras viendra viendrons viendrez viendront
Ouvrir: ouvrirai ouvriras ouvrira ouvrirons ouvrirez ouvriront
Offrir: offrirai offriras offrira offrirons offrirez offriront
Recevoir: recevrai recevras recevra recevrons recevrez recevront
Sentir: sentirai sentiras sentira sentirons sentirez sentiront
Souvenir: souviendrai souviendras souviendra souviendrons souviendrez souviendront

Être: serai seras sera serons serez seront
Faire: ferai feras fera ferons ferez feront
Prendre: prendrai prendras prendra prendrons prendrez prendront
Vendre: vendrai vendras vendra vendrons vendrez vendront
Peindre: peindrai peindras peindra peindrons peindrez peindront
Dire: dirai diras dira dirons direz diront
Mettre: mettrai mettras mettra mettrons mettrez mettront
Lire: lirai liras lira lirons lirez liront
Écrire: écrirai écriras écrira écrirons écrirez écriront
Connaître: connaîtrai connaîtras connaîtra connaîtrons connaîtrez connaîtront
Suivre: suivrai suivras suivra suivrons suivrez suivront

Le Conditionnel

Les suffixes ne sont pas irrégulier.
Certains verbes ont un préfixe irregulier.
Utilisez les préfixes de futur simple.

Les Suffixes

je   -ais
tu   -ais
il   - ait
nous -ions
vous - iez
ils   -aient

Les Préfixes Pour Le Conditionnel
#1) Utilisez l'infinitif (eg. Donner), exactement comme la formation du futur simple.
#2) Depuis du suffixe "-er" "-ir" ou "-re" ajoutez le suffix du conditionnel, exactement comme l'imparfait. (eg. Je donnerais). Pour les verbes du suffixe "-re", eliminez la lettre "-e" avant d'ajouter le suffix. (eg Vous vendriez)

Voici les conjugaisons pour le conditionnel:

Aller: irais irais irait irions iriez iraient
Donner: donnerais donnerais donnerait donnerions donneriez donneraient
Acheter: achèterais achèterais achèterait achèterions achèteriez achèteraient
Préférer: préférerais préférerais préférerait préférerions préféreriez préféreraient
Manger: mangerais mangerais mangerait mangerions mangeriez mangeraient
Commencer: commencerais commencerais commencerait commencerions
commenceriez commenceraient
Essayer: essaierais essaierais essaierait essaierions essaieriez essaieraient
Employer: emploierais emploierais emploierait emploierions emploieriez emploieraient
Jeter: jetterais jetterais jetterait jetterions jetteriez jetteraient
Rappeler: rappellerais rappellerais rappellerait rappellerions rappelleriez rappelleraient
Appuyer: appuierais appuierais appuierait appuierions appuieriez appuieraient

Avoir: aurais aurais aurait aurions auriez auraient
Finir: finirais finirais finirait finirions finiriez finiraient
Pouvoir: pouvrais pouvrais pouvrait pouvrions pouvriez pouvraient
Partir: partirais partirais partirait partirions partiriez partiraient
Sortir: sortirais sortirais sortirait sortirions sortiriez sortiraient
Savoir: saurais saurais saurait saurions sauriez sauraient
Voir: verrais verrais verrait verrions verriez verraient
Venir: viendrais viendrais viendrait viendrions viendriez viendraient
Ouvrir: ouvrirais ouvrirais ouvrirait ouvririons ouvririez ouvriraient
Offrir: offrirais offrirais offrirait offririons offririez offriraient
Recevoir: offrirais offrirais offrirait offririons offririez offriraient
Sentir: sentirais sentirais sentirait sentirions sentiriez sentiraient
Souvenir: souviendrais souviendrais souviendrait souviendrions souviendriez
souviendraient

Être: serais serais serait serions seriez seraient
Faire: ferais ferais ferait ferions feriez feraient
Prendre: prendrais prendrais prendrait prendrions prendriez prendraient
Vendre: vendrais vendrais vendrait vendrions vendriez vendraient
Peindre: peindrais peindrais peindrait peindrions peindriez peindraient
Dire: dirais dirais dirait dirions diriez diraient
Mettre: mettrais mettrais mettrait mettrions mettriez mettraient
Lire: lirais lirais lirait lirions liriez liraient
Écrire: écrirais écrirais écrirait écririons écririez écriraient
Connaître: connaîtrais connaîtrais connaîtrait connaîtrions connaîtriez connaîtraient
Suivre: suivrais suivrais suivrait suivrions suivriez suivraient

Le Passé Simple

Les suffixes ne sont pas irrégulier.
Beaucoup des verbes ont un préfixe irrégulier.
Aussi, avec le passé simple, les verbes ont un préfixe différent pour "nous" et "vous".

Les Suffixes

	-ER	-IR / -RE
je	-ai	-s
tu	-as	-s
il	- a	-t
nous	-âmes	-mes
vous	-âtes	-tes
ils	-èrent	-rent

Les Préfixes Pour Le Passé Simple

#1) Utilisez préfix spécifique pour le passe simple, qui normalment est similaire au participe passé. (eg. être ➜ eû-). Pour les verbes –ER, eliminez la dernière lettre é. Pour les verbes –IR, utilisez le participe passé. Pour les verbes –RE, utilisez le participe passé si la dernière lettre est une voyelle.   Pour les verbes –RE, avec un consonant pour la dernière lettre, eliminez la dernière lettre du participe passe.
#2) Ajoutez le suffix du passé simple (eg. Ils eûrent).

	je tu il ils	nous vous
Aller	all-	all-
Donner	donn-	donn-
Acheter	achet-	achet-
Préférer	préfér-	préfér-
Manger	mange-	mange-
Commencer	commenç-	commenç-
Essayer	essay-	essay-
Employer	employ-	employ-
Jeter	jet-	jet-
Rappeler	rappel-	rappel-
Appuyer	appuy-	appuy-

	je tu il ils	**nous vous**
Avoir	eu-	eû-
Finir	fini-	finî-
Pouvoir	pu-	pû-
Partir	parti-	partî-
Sortir	sorti-	sortî-
Savoir	su-	sû-
Voir	**vi-**	**vî-**
Venir	**vin-**	**vîn-**
Ouvrir	**ouvri-**	**ouvrî-**
Offrir	offri-	offrî-
Recevoir	reçu-	reçû-
Sentir	senti	sentî
Souvenir	**souvin**	**souvîn**
Être	**fu-**	**fû-**
Faire	**fi-**	**fi-**
Prendre	pri-	prî-
Vendre	**vendu-**	**vendû-**
Peindre	**peigni-**	**peignî-**
Dire	di-	dî-
Mettre	mi-	mî-
Lire	**lu-**	**lû-**
Écrire	**écrivi-**	**écrivî-**
Connaître	connu-	connû-
Suivre	suivi-	suivî-

Voici les conjugaisons pour le passé simple:

Aller: allai allas alla allâmes allâtes allèrent
Donner: donnai donnas donna donnâmes donnâtes donnèrent
Acheter: achetai achetas acheta achetâmes achetâtes achetèrent
Préférer: préférai préféras préféra préférâmes préférâtes préférèrent
Manger: mangeai mangeas mangea mangeâmes mangeâtes mangèrent
Commencer: commençai commenças commença commençâmes commençâtes commencèrent
Essayer: essayai essayas essaya essayâmes essayâtes essayèrent
Employer: employai employas employa employâmes employâtes employèrent
Jeter: jetai jetas jeta jetâmes jetâtes jetèrent
Rappeler: rappelai rappelas rappela rappelâmes rappelâtes rappelèrent
Appuyer: appuyai appuyas appuya appuyâmes appuyâtes appuyèrent

Avoir: eus eus eut eûmes eûtes eurent
Finir: finis finis finit finîmes finîtes finirent
Pouvoir: pus pus put pûmes pûtes purent
Partir: partis partis partit partîmes partîtes partirent
Sortir: sortis sortis sortit sortîmes sortîtes sortirent
Savoir: sus sus sut sûmes sûtes surent
Voir: vis vis vit vîmes vîtes virent
Venir: vins vins vint vînmes vîntes vinrent
Ouvrir: ouvris ouvris ouvrit ouvrîmes ouvrîtes ouvrirent
Offrir: offris offris offrit offrîmes offrîtes offrirent
Recevoir: reçus reçus reçut reçûmes reçûtes reçurent
Sentir: sentis sentis sentit sentîmes sentîtes sentirent
Souvenir: souvins souvins souvint souvînmes souvîntes souvinrent

Être: fus fus fut fûmes fûtes furent
Faire: fis fis fit fimes fites firent
Prendre: pris pris prit prîmes prîtes prirent
Vendre: vendus vendus vendut vendûmes vendûtes vendurent
Peindre: peignis peignis peignit peignîmes peignîtes peignirent
Dire: dis dis dit dîmes dîtes dirent
Mettre: mis mis mit mîmes mîtes mirent
Lire: lus lus lut lûmes lûtes lurent
Écrire: écrivis écrivis écrivit écrivîmes écrivîtes écrivirent
Connaître: connus connus connut connûmes connûtes connurent
Suivre: suivis suivis suivit suivîmes suivîtes suivirent

Le Subjonctif

Les suffixes ne sont pas irrégulier, sauf les verbes avoir et être. Beaucoup des verbes ont un préfixe irrégulier. Aussi, avec le subjonctif, les verbes ont un préfixe différent pour "nous" et "vous".

Les Suffixes

je   -e
tu   -es
il   - e
nous   -ions
vous   -iez
ils   - ent

Les Préfixes Pour Le Subjonctif

#1) Utilisez préfix spécifique pour le subjonctif, qui est normalment la conjugaison du présent indicatif de "je" et "nous", moins leur suffixes. (eg. tu essai-, nous essay-)
#2) Ajoutez le suffix du subjonctif (eg.tu essaies, nous essayions).

	je tu il ils	nous vous
Aller	aill-	all-
Donner	donn-	donn-
Acheter	achèt-	achet-
Préférer	préfèr-	préfér-
Manger	mang-	mang-
Commencer	commenc-	commenc-
Essayer	essai-	essay-
Employer	emploi-	employ-
Jeter	jett-	jet-
Rappeler	rappell-	rappell-
Appuyer	appui-	appuy-

	je tu il ils	nous vous
Avoir	ai-	ay-
Finir	finiss-	finiss-
Pouvoir	puiss-	puiss-
Partir	part-	part-
Sortir	sort-	sort-
Savoir	sach-	sach-
Voir	voi-	voy-
Venir	vienn-	ven-
Ouvrir	ouvr-	ouvr-
Offrir	offr-	offr-
Recevoir	reçoiv-	recev-
Sentir	sent-	sent-
Souvenir	souvienn-	souven-
Être	soi-	soy-
Faire	fass-	fass-
Prendre	prenn-	pren-
Vendre	vend-	vend-
Peindre	peign-	peign-
Dire	dis-	dis-
Mettre	mett-	mett-
Lire	lis-	lis-
Écrire	écriv-	écriv-
Connaître	connaiss-	connaiss-
Suivre	suiv-	suiv-

Voici les conjugaisons pour le subjonctif:

Aller: aille ailles aille allions alliez aillent
Donner: donne donnes donne donnions donniez donnent
Acheter: achète achètes achète achetions achetiez achètent
Préférer: préfère préfères préfère préférions préfériez préfèrent
Manger: mange manges mange mangions mangiez mangent
Commencer: commence commences commence commencions commenciez commencent
Essayer: essaie essaies essaie essayions essayiez essaient
Employer: emploie emploies emploie employions employiez emploient
Jeter: jette jettes jette jetions jetiez jettent
Rappeler: rappelle rappelles rappelle rappellions rappelliez rappellent
Appuyer: appuie appuies appuie appuyions appuyiez appuient

Avoir: aie aies ait ayons ayez aient
Finir: finisse finisses finisse finissions finissiez finissent
Pouvoir: puisse puisses puisse puissions puissiez puissent
Partir: parte partes parte partions partiez partent
Sortir: sorte sortes sorte sortions sortiez sortent
Savoir: sache saches sache sachions sachiez sachent
Voir: voie voies voie voyions voyiez voient
Venir: vienne viennes vienne venions veniez viennent
Ouvrir: ouvre ouvres ouvre ouvrions ouvriez ouvrent
Offrir: offre offres offre offrions offriez offrent
Recevoir: reçoive reçoives reçoive recevions receviez reçoivent
Sentir: sente sentes sente sentions sentiez sentent
Souvenir: souvienne souviennes souvienne souvenions souveniez souviennent

Être: sois sois soit soyons soyez soient
Faire: fasse fasses fasse fassions fassiez fassent
Prendre: prenne prennes prenne prenions preniez prennent
Vendre: vende vendes vende vendions vendiez vendent
Peindre: peigne peignes peigne peignions peigniez peignent
Dire: dise dises dise disions disiez disent
Mettre: mette mettes mette mettions mettiez mettent
Lire: lise lises lise lisions lisiez lisent
Écrire: écrive écrives écrive écrivions écriviez écrivent
Connaître: connaisse connaisses connaisse connaissions connaissiez connaissent
Suivre: suive suives suive suivions suiviez suivent

Exercices

1	prendre - Présent - nous
2	vendre - Passé Simple - nous
3	prendre - Futur Simple - je
4	manger - Subjonctif - nous
5	donner - Passé Simple - je
6	partir - Conditionnel - ils
7	employer - Passé Simple - ils
8	être - Conditionnel - vous
9	préférer - Imparfait - nous
10	commencer - Présent - tu
11	écrire - Présent - je
12	commencer - Passé Simple - il
13	dire - Futur Simple - ils
14	finir - Futur Simple - tu
15	être - Futur Simple - ils
16	être - Conditionnel - nous
17	faire - Conditionnel - ils
18	préférer - Présent - vous
19	mettre - Subjonctif - ils
20	peindre - Futur Simple - il
21	mettre - Passé Simple - il
22	commencer - Futur Simple - vous
23	jeter - Subjonctif - ils
24	connaître - Passé Simple - ils
25	appuyer - Passé Simple - ils
26	préférer - Subjonctif - nous
27	préférer - Futur Simple - nous
28	jeter - Passé Simple - vous
29	jeter - Imparfait - il
30	vendre - Présent - vous
31	lire - Conditionnel - vous
32	mettre - Conditionnel - tu
33	rappeler - Subjonctif - ils
34	appuyer - Futur Simple - nous
35	écrire - Futur Simple - vous
36	aller - Présent - tu
37	ouvrir - Conditionnel - vous
38	acheter - Passé Simple - tu
39	rappeler - Futur Simple - ils
40	suivre - Conditionnel - tu

41	lire - Présent - je
42	ouvrir - Présent - tu
43	voir - Imparfait - ils
44	avoir - Conditionnel - il
45	être - Passé Simple - nous
46	mettre - Conditionnel - vous
47	rappeler - Imparfait - tu
48	faire - Passé Simple - nous
49	essayer - Présent - nous
50	connaître - Passé Simple - il
51	finir - Subjonctif - vous
52	sentir - Futur Simple - nous
53	préférer - Futur Simple - il
54	préférer - Futur Simple - vous
55	avoir - Imparfait - vous
56	manger - Imparfait - nous
57	faire - Présent - il
58	essayer - Imparfait - ils
59	aller - Imparfait - nous
60	donner - Présent - vous
61	souvenir - Futur Simple - tu
62	savoir - Présent - il
63	rappeler - Subjonctif - il
64	souvenir - Subjonctif - nous
65	commencer - Conditionnel - vous
66	lire - Conditionnel - il
67	connaître - Subjonctif - nous
68	lire - Subjonctif - vous
69	vendre - Passé Simple - ils
70	rappeler - Présent - nous
71	être - Imparfait - ils
72	donner - Conditionnel - je
73	acheter - Conditionnel - je
74	préférer - Subjonctif - ils
75	ouvrir - Passé Simple - tu
76	sentir - Présent - tu
77	manger - Futur Simple - nous
78	dire - Conditionnel - je
79	sortir - Présent - il
80	mettre - Futur Simple - je
81	pouvoir - Passé Simple - tu

82	jeter - Passé Simple - ils
83	souvenir - Conditionnel - tu
84	peindre - Imparfait - vous
85	recevoir - Conditionnel - je
86	dire - Subjonctif - tu
87	souvenir - Présent - vous
88	ouvrir - Subjonctif - vous
89	employer - Présent - il
90	essayer - Imparfait - je
91	écrire - Futur Simple - je
92	essayer - Imparfait - nous
93	sortir - Passé Simple - tu
94	prendre - Présent - vous
95	faire - Conditionnel - vous
96	commencer - Futur Simple - je
97	lire - Passé Simple - nous
98	dire - Conditionnel - nous
99	venir - Conditionnel - ils
100	mettre - Présent - je
101	mettre - Passé Simple - nous
102	pouvoir - Passé Simple - je
103	suivre - Imparfait - il
104	avoir - Imparfait - je
105	sentir - Futur Simple - tu
106	recevoir - Conditionnel - vous
107	écrire - Futur Simple - ils
108	acheter - Présent - nous
109	employer - Subjonctif - tu
110	venir - Futur Simple - ils
111	rappeler - Futur Simple - tu
112	recevoir - Présent - ils
113	prendre - Conditionnel - vous
114	mettre - Futur Simple - vous
115	sentir - Imparfait - nous
116	être - Futur Simple - il
117	donner - Imparfait - vous
118	peindre - Présent - il
119	commencer - Subjonctif - vous
120	lire - Futur Simple - nous
121	acheter - Subjonctif - tu
122	sentir - Futur Simple - vous

123	faire - Subjonctif - il
124	dire - Imparfait - vous
125	partir - Futur Simple - il
126	aller - Futur Simple - vous
127	ouvrir - Présent - je
128	manger - Passé Simple - il
129	voir - Futur Simple - tu
130	aller - Conditionnel - tu
131	mettre - Imparfait - vous
132	lire - Conditionnel - tu
133	offrir - Passé Simple - je
134	connaître - Futur Simple - il
135	employer - Futur Simple - il
136	faire - Futur Simple - nous
137	partir - Présent - vous
138	acheter - Imparfait - nous
139	commencer - Présent - ils
140	jeter - Conditionnel - ils
141	ouvrir - Conditionnel - tu
142	voir - Conditionnel - nous
143	finir - Subjonctif - tu
144	avoir - Futur Simple - il
145	faire - Subjonctif - nous
146	venir - Présent - tu
147	appuyer - Présent - il
148	préférer - Conditionnel - nous
149	souvenir - Futur Simple - je
150	partir - Passé Simple - il
151	venir - Subjonctif - vous
152	partir - Futur Simple - je
153	pouvoir - Imparfait - vous
154	partir - Imparfait - vous
155	savoir - Présent - vous
156	connaître - Imparfait - ils
157	jeter - Futur Simple - il
158	prendre - Imparfait - vous
159	suivre - Imparfait - tu
160	manger - Conditionnel - tu
161	recevoir - Conditionnel - nous
162	recevoir - Futur Simple - il
163	manger - Passé Simple - ils

164	vendre - Présent - nous
165	aller - Subjonctif - ils
166	faire - Futur Simple - tu
167	pouvoir - Passé Simple - il
168	sentir - Subjonctif - vous
169	voir - Futur Simple - ils
170	souvenir - Conditionnel - ils
171	mettre - Présent - il
172	pouvoir - Conditionnel - je
173	mettre - Subjonctif - nous
174	mettre - Futur Simple - tu
175	voir - Imparfait - il
176	suivre - Subjonctif - tu
177	appuyer - Présent - nous
178	avoir - Subjonctif - nous
179	offrir - Conditionnel - vous
180	vendre - Conditionnel - tu
181	offrir - Conditionnel - ils
182	commencer - Futur Simple - il
183	peindre - Imparfait - je
184	vendre - Conditionnel - ils
185	partir - Subjonctif - tu
186	vendre - Présent - je
187	préférer - Conditionnel - tu
188	écrire - Subjonctif - ils
189	appuyer - Subjonctif - il
190	vendre - Futur Simple - vous
191	préférer - Futur Simple - ils
192	finir - Présent - il
193	dire - Conditionnel - il
194	venir - Futur Simple - je
195	être - Futur Simple - je
196	vendre - Subjonctif - il
197	lire - Présent - vous
198	savoir - Imparfait - ils
199	commencer - Présent - nous
200	essayer - Présent - il
201	jeter - Futur Simple - ils
202	donner - Conditionnel - ils
203	sentir - Conditionnel - ils
204	aller - Présent - ils

205	recevoir - Présent - vous
206	recevoir - Passé Simple - je
207	souvenir - Subjonctif - je
208	acheter - Subjonctif - nous
209	sentir - Conditionnel - je
210	peindre - Futur Simple - vous
211	souvenir - Futur Simple - ils
212	avoir - Subjonctif - je
213	mettre - Subjonctif - vous
214	écrire - Passé Simple - il
215	commencer - Présent - il
216	voir - Passé Simple - vous
217	prendre - Présent - je
218	suivre - Subjonctif - vous
219	venir - Imparfait - vous
220	appuyer - Imparfait - je
221	connaître - Passé Simple - nous
222	savoir - Passé Simple - je
223	préférer - Présent - ils
224	dire - Présent - nous
225	rappeler - Présent - vous
226	suivre - Passé Simple - tu
227	lire - Imparfait - je
228	préférer - Conditionnel - il
229	appuyer - Passé Simple - il
230	jeter - Passé Simple - il
231	vendre - Conditionnel - nous
232	savoir - Conditionnel - nous
233	faire - Présent - nous
234	acheter - Subjonctif - il
235	connaître - Conditionnel - tu
236	préférer - Imparfait - il
237	offrir - Subjonctif - tu
238	avoir - Futur Simple - tu
239	partir - Conditionnel - tu
240	acheter - Futur Simple - il
241	manger - Subjonctif - vous
242	écrire - Passé Simple - nous
243	suivre - Subjonctif - ils
244	prendre - Présent - ils
245	sentir - Subjonctif - il

246	employer - Conditionnel - je
247	savoir - Subjonctif - je
248	essayer - Présent - ils
249	connaître - Imparfait - je
250	employer - Futur Simple - ils
251	faire - Passé Simple - je
252	peindre - Présent - nous
253	ouvrir - Passé Simple - nous
254	vendre - Futur Simple - je
255	être - Imparfait - vous
256	connaître - Subjonctif - je
257	aller - Passé Simple - il
258	être - Imparfait - tu
259	connaître - Présent - nous
260	venir - Conditionnel - nous
261	connaître - Conditionnel - il
262	peindre - Conditionnel - il
263	préférer - Passé Simple - je
264	appuyer - Conditionnel - ils
265	sortir - Futur Simple - je
266	offrir - Présent - tu
267	venir - Futur Simple - tu
268	écrire - Passé Simple - ils
269	lire - Futur Simple - il
270	dire - Imparfait - tu
271	commencer - Futur Simple - ils
272	offrir - Passé Simple - ils
273	donner - Futur Simple - ils
274	savoir - Passé Simple - tu
275	essayer - Présent - vous
276	écrire - Passé Simple - vous
277	sortir - Passé Simple - nous
278	mettre - Imparfait - tu
279	manger - Conditionnel - je
280	dire - Imparfait - il
281	souvenir - Imparfait - nous
282	sortir - Subjonctif - je
283	suivre - Futur Simple - vous
284	mettre - Subjonctif - il
285	jeter - Subjonctif - vous
286	manger - Conditionnel - nous

287	connaître - Passé Simple - je
288	employer - Passé Simple - vous
289	appuyer - Présent - vous
290	jeter - Imparfait - tu
291	appuyer - Futur Simple - vous
292	faire - Conditionnel - tu
293	peindre - Imparfait - tu
294	jeter - Présent - ils
295	sortir - Imparfait - ils
296	sentir - Présent - je
297	prendre - Subjonctif - vous
298	savoir - Conditionnel - il
299	mettre - Présent - tu
300	rappeler - Passé Simple - vous
301	appuyer - Futur Simple - ils
302	faire - Conditionnel - je
303	finir - Subjonctif - il
304	vendre - Subjonctif - ils
305	prendre - Conditionnel - il
306	partir - Passé Simple - tu
307	suivre - Conditionnel - vous
308	donner - Présent - ils
309	connaître - Subjonctif - vous
310	connaître - Présent - je
311	vendre - Présent - il
312	employer - Subjonctif - ils
313	savoir - Imparfait - nous
314	voir - Passé Simple - nous
315	préférer - Présent - nous
316	préférer - Présent - je
317	employer - Imparfait - il
318	rappeler - Conditionnel - il
319	prendre - Présent - il
320	rappeler - Conditionnel - nous
321	sentir - Imparfait - ils
322	offrir - Présent - vous
323	acheter - Présent - je
324	prendre - Futur Simple - nous
325	dire - Subjonctif - vous
326	sentir - Passé Simple - je
327	lire - Subjonctif - je

328	peindre - Passé Simple - tu
329	offrir - Subjonctif - nous
330	faire - Imparfait - je
331	être - Présent - tu
332	commencer - Imparfait - vous
333	appuyer - Subjonctif - ils
334	écrire - Présent - ils
335	donner - Subjonctif - tu
336	lire - Futur Simple - vous
337	ouvrir - Imparfait - il
338	finir - Imparfait - vous
339	offrir - Passé Simple - nous
340	donner - Subjonctif - ils
341	écrire - Passé Simple - tu
342	offrir - Imparfait - tu
343	donner - Futur Simple - tu
344	pouvoir - Subjonctif - ils
345	suivre - Passé Simple - ils
346	suivre - Imparfait - ils
347	manger - Imparfait - vous
348	employer - Futur Simple - vous
349	appuyer - Présent - ils
350	recevoir - Futur Simple - je
351	essayer - Conditionnel - vous
352	essayer - Futur Simple - je
353	acheter - Conditionnel - ils
354	peindre - Subjonctif - je
355	essayer - Imparfait - il
356	commencer - Passé Simple - nous
357	venir - Imparfait - ils
358	pouvoir - Futur Simple - tu
359	aller - Imparfait - je
360	pouvoir - Futur Simple - il
361	aller - Imparfait - ils
362	ouvrir - Futur Simple - vous
363	écrire - Imparfait - nous
364	partir - Présent - je
365	lire - Subjonctif - tu
366	aller - Conditionnel - je
367	suivre - Futur Simple - tu
368	aller - Passé Simple - je

369	sortir - Passé Simple - il
370	être - Subjonctif - je
371	partir - Conditionnel - il
372	vendre - Imparfait - je
373	partir - Conditionnel - vous
374	peindre - Futur Simple - tu
375	venir - Futur Simple - vous
376	ouvrir - Subjonctif - ils
377	manger - Imparfait - il
378	employer - Conditionnel - nous
379	voir - Imparfait - vous
380	suivre - Présent - il
381	jeter - Présent - je
382	préférer - Conditionnel - ils
383	acheter - Subjonctif - ils
384	suivre - Passé Simple - vous
385	manger - Conditionnel - ils
386	avoir - Subjonctif - tu
387	connaître - Conditionnel - vous
388	connaître - Futur Simple - tu
389	être - Imparfait - il
390	aller - Imparfait - vous
391	recevoir - Imparfait - tu
392	faire - Conditionnel - nous
393	voir - Subjonctif - vous
394	lire - Imparfait - vous
395	finir - Conditionnel - nous
396	sortir - Présent - vous
397	appuyer - Subjonctif - vous
398	faire - Présent - ils
399	jeter - Présent - tu
400	connaître - Passé Simple - vous
401	recevoir - Conditionnel - ils
402	recevoir - Subjonctif - ils
403	venir - Passé Simple - ils
404	appuyer - Imparfait - nous
405	pouvoir - Imparfait - ils
406	pouvoir - Passé Simple - ils
407	dire - Passé Simple - ils
408	venir - Subjonctif - tu
409	avoir - Subjonctif - ils

410	commencer - Présent - je
411	prendre - Futur Simple - ils
412	suivre - Présent - ils
413	rappeler - Subjonctif - vous
414	venir - Imparfait - il
415	jeter - Conditionnel - tu
416	ouvrir - Futur Simple - je
417	acheter - Subjonctif - je
418	voir - Conditionnel - il
419	appuyer - Passé Simple - nous
420	peindre - Futur Simple - je
421	savoir - Futur Simple - nous
422	jeter - Conditionnel - nous
423	partir - Imparfait - je
424	finir - Imparfait - nous
425	appuyer - Imparfait - vous
426	aller - Imparfait - tu
427	mettre - Futur Simple - il
428	offrir - Futur Simple - il
429	partir - Futur Simple - ils
430	pouvoir - Présent - nous
431	donner - Passé Simple - vous
432	aller - Passé Simple - tu
433	mettre - Présent - nous
434	venir - Futur Simple - nous
435	suivre - Futur Simple - il
436	sentir - Conditionnel - il
437	vendre - Futur Simple - nous
438	prendre - Subjonctif - nous
439	écrire - Conditionnel - je
440	commencer - Conditionnel - ils
441	manger - Futur Simple - ils
442	manger - Présent - je
443	dire - Conditionnel - ils
444	avoir - Passé Simple - je
445	mettre - Subjonctif - tu
446	écrire - Imparfait - vous
447	donner - Passé Simple - tu
448	préférer - Imparfait - je
449	manger - Imparfait - ils
450	jeter - Présent - il

451	recevoir - Conditionnel - tu
452	vendre - Futur Simple - il
453	mettre - Présent - vous
454	souvenir - Passé Simple - nous
455	venir - Passé Simple - vous
456	être - Conditionnel - tu
457	avoir - Présent - vous
458	appuyer - Subjonctif - nous
459	savoir - Présent - nous
460	acheter - Conditionnel - nous
461	employer - Passé Simple - je
462	prendre - Subjonctif - tu
463	souvenir - Conditionnel - nous
464	offrir - Conditionnel - tu
465	offrir - Futur Simple - tu
466	rappeler - Imparfait - ils
467	aller - Présent - je
468	prendre - Imparfait - il
469	venir - Imparfait - tu
470	voir - Imparfait - nous
471	essayer - Passé Simple - je
472	écrire - Présent - nous
473	aller - Passé Simple - ils
474	aller - Subjonctif - tu
475	offrir - Imparfait - il
476	voir - Imparfait - je
477	aller - Passé Simple - nous
478	ouvrir - Présent - nous
479	être - Futur Simple - tu
480	aller - Conditionnel - ils
481	dire - Conditionnel - tu
482	rappeler - Conditionnel - tu
483	rappeler - Conditionnel - je
484	rappeler - Futur Simple - il
485	finir - Conditionnel - vous
486	appuyer - Passé Simple - vous
487	employer - Subjonctif - vous
488	finir - Subjonctif - je
489	offrir - Imparfait - vous
490	connaître - Subjonctif - il
491	sortir - Subjonctif - vous

492	acheter - Passé Simple - ils
493	employer - Présent - nous
494	faire - Subjonctif - je
495	connaître - Subjonctif - tu
496	écrire - Imparfait - tu
497	jeter - Imparfait - ils
498	pouvoir - Passé Simple - nous
499	essayer - Subjonctif - ils
500	ouvrir - Imparfait - tu
501	acheter - Présent - il
502	pouvoir - Subjonctif - je
503	finir - Passé Simple - nous
504	finir - Passé Simple - je
505	essayer - Conditionnel - il
506	savoir - Futur Simple - tu
507	aller - Futur Simple - tu
508	avoir - Présent - je
509	recevoir - Futur Simple - tu
510	employer - Passé Simple - tu
511	sortir - Conditionnel - il
512	offrir - Présent - je
513	faire - Imparfait - nous
514	essayer - Futur Simple - vous
515	donner - Présent - tu
516	suivre - Présent - tu
517	recevoir - Subjonctif - vous
518	sentir - Conditionnel - vous
519	commencer - Conditionnel - je
520	pouvoir - Futur Simple - je
521	appuyer - Futur Simple - tu
522	vendre - Passé Simple - il
523	sentir - Imparfait - vous
524	donner - Imparfait - ils
525	prendre - Conditionnel - nous
526	peindre - Subjonctif - tu
527	employer - Présent - vous
528	faire - Passé Simple - il
529	écrire - Futur Simple - il
530	peindre - Présent - tu
531	manger - Futur Simple - je
532	donner - Imparfait - je

533	sortir - Conditionnel - ils
534	préférer - Passé Simple - il
535	lire - Imparfait - tu
536	rappeler - Imparfait - il
537	aller - Futur Simple - nous
538	finir - Passé Simple - vous
539	finir - Présent - tu
540	lire - Conditionnel - nous
541	finir - Imparfait - il
542	venir - Conditionnel - tu
543	rappeler - Passé Simple - tu
544	manger - Conditionnel - il
545	avoir - Futur Simple - je
546	manger - Subjonctif - il
547	écrire - Subjonctif - il
548	partir - Passé Simple - nous
549	pouvoir - Imparfait - tu
550	recevoir - Subjonctif - il
551	avoir - Passé Simple - nous
552	ouvrir - Passé Simple - je
553	commencer - Imparfait - ils
554	prendre - Futur Simple - il
555	sortir - Présent - tu
556	ouvrir - Subjonctif - nous
557	essayer - Présent - je
558	prendre - Passé Simple - tu
559	appuyer - Passé Simple - je
560	connaître - Imparfait - tu
561	souvenir - Futur Simple - il
562	lire - Présent - il
563	employer - Imparfait - vous
564	sortir - Présent - nous
565	faire - Subjonctif - ils
566	être - Passé Simple - ils
567	employer - Conditionnel - ils
568	lire - Imparfait - il
569	dire - Futur Simple - il
570	sentir - Futur Simple - il
571	offrir - Présent - il
572	employer - Imparfait - je
573	employer - Conditionnel - il

574	savoir - Subjonctif - nous
575	acheter - Passé Simple - il
576	partir - Subjonctif - je
577	recevoir - Imparfait - je
578	venir - Conditionnel - je
579	sortir - Subjonctif - ils
580	vendre - Présent - ils
581	mettre - Imparfait - ils
582	savoir - Futur Simple - vous
583	manger - Passé Simple - tu
584	écrire - Conditionnel - il
585	commencer - Passé Simple - vous
586	écrire - Conditionnel - tu
587	suivre - Futur Simple - je
588	pouvoir - Imparfait - je
589	connaître - Conditionnel - nous
590	mettre - Passé Simple - vous
591	préférer - Subjonctif - vous
592	essayer - Futur Simple - nous
593	suivre - Conditionnel - ils
594	connaître - Futur Simple - nous
595	écrire - Subjonctif - vous
596	savoir - Imparfait - je
597	acheter - Futur Simple - tu
598	connaître - Présent - ils
599	préférer - Imparfait - ils
600	employer - Futur Simple - nous
601	avoir - Présent - ils
602	lire - Présent - tu
603	dire - Passé Simple - vous
604	vendre - Imparfait - vous
605	recevoir - Imparfait - ils
606	jeter - Présent - nous
607	suivre - Subjonctif - il
608	appuyer - Futur Simple - je
609	commencer - Subjonctif - je
610	vendre - Subjonctif - tu
611	vendre - Imparfait - il
612	connaître - Subjonctif - ils
613	appuyer - Passé Simple - tu
614	souvenir - Futur Simple - vous

615	acheter - Futur Simple - nous
616	vendre - Subjonctif - je
617	lire - Passé Simple - tu
618	voir - Futur Simple - vous
619	peindre - Subjonctif - ils
620	suivre - Passé Simple - je
621	faire - Imparfait - vous
622	finir - Futur Simple - il
623	appuyer - Imparfait - ils
624	savoir - Passé Simple - il
625	appuyer - Subjonctif - je
626	suivre - Conditionnel - il
627	voir - Passé Simple - je
628	connaître - Présent - tu
629	donner - Conditionnel - nous
630	commencer - Subjonctif - ils
631	sortir - Imparfait - nous
632	essayer - Imparfait - vous
633	aller - Futur Simple - ils
634	venir - Imparfait - nous
635	voir - Présent - ils
636	voir - Conditionnel - ils
637	dire - Futur Simple - nous
638	sentir - Passé Simple - tu
639	peindre - Présent - ils
640	offrir - Présent - ils
641	ouvrir - Subjonctif - je
642	venir - Conditionnel - il
643	faire - Imparfait - il
644	peindre - Présent - je
645	avoir - Imparfait - il
646	prendre - Imparfait - je
647	donner - Futur Simple - vous
648	venir - Conditionnel - vous
649	prendre - Futur Simple - tu
650	pouvoir - Présent - il
651	voir - Passé Simple - tu
652	mettre - Futur Simple - nous
653	offrir - Imparfait - ils
654	essayer - Imparfait - tu
655	manger - Passé Simple - nous

656	savoir - Imparfait - vous
657	sentir - Présent - il
658	sortir - Passé Simple - vous
659	venir - Subjonctif - je
660	partir - Passé Simple - vous
661	offrir - Conditionnel - nous
662	aller - Subjonctif - vous
663	appuyer - Présent - tu
664	recevoir - Passé Simple - vous
665	souvenir - Conditionnel - vous
666	suivre - Futur Simple - nous
667	donner - Présent - il
668	souvenir - Passé Simple - il
669	commencer - Futur Simple - nous
670	préférer - Subjonctif - il
671	acheter - Conditionnel - vous
672	être - Passé Simple - il
673	connaître - Futur Simple - vous
674	peindre - Passé Simple - vous
675	manger - Subjonctif - je
676	souvenir - Imparfait - je
677	finir - Futur Simple - ils
678	suivre - Passé Simple - il
679	suivre - Conditionnel - nous
680	recevoir - Présent - nous
681	avoir - Passé Simple - ils
682	ouvrir - Conditionnel - ils
683	commencer - Présent - vous
684	partir - Subjonctif - ils
685	jeter - Subjonctif - nous
686	rappeler - Imparfait - je
687	vendre - Passé Simple - je
688	vendre - Conditionnel - je
689	partir - Futur Simple - nous
690	souvenir - Subjonctif - vous
691	commencer - Subjonctif - il
692	sortir - Futur Simple - ils
693	recevoir - Passé Simple - tu
694	voir - Futur Simple - je
695	pouvoir - Conditionnel - tu
696	savoir - Futur Simple - il

697	ouvrir - Passé Simple - il
698	aller - Conditionnel - nous
699	commencer - Imparfait - il
700	acheter - Imparfait - tu
701	dire - Présent - ils
702	suivre - Imparfait - je
703	commencer - Conditionnel - nous
704	écrire - Présent - tu
705	sentir - Imparfait - je
706	vendre - Imparfait - ils
707	mettre - Passé Simple - ils
708	ouvrir - Imparfait - ils
709	finir - Présent - je
710	souvenir - Subjonctif - ils
711	voir - Subjonctif - ils
712	donner - Conditionnel - vous
713	offrir - Passé Simple - vous
714	souvenir - Conditionnel - je
715	appuyer - Futur Simple - il
716	jeter - Conditionnel - il
717	voir - Présent - il
718	manger - Passé Simple - vous
719	jeter - Subjonctif - il
720	préférer - Subjonctif - je
721	finir - Passé Simple - ils
722	commencer - Subjonctif - nous
723	préférer - Conditionnel - vous
724	finir - Subjonctif - ils
725	partir - Conditionnel - je
726	commencer - Imparfait - tu
727	voir - Futur Simple - nous
728	prendre - Subjonctif - je
729	pouvoir - Conditionnel - nous
730	aller - Subjonctif - nous
731	manger - Futur Simple - tu
732	souvenir - Présent - tu
733	mettre - Passé Simple - tu
734	savoir - Subjonctif - tu
735	savoir - Présent - je
736	finir - Conditionnel - il
737	connaître - Futur Simple - ils

738	préférer - Imparfait - vous
739	sortir - Conditionnel - vous
740	venir - Passé Simple - je
741	dire - Subjonctif - il
742	jeter - Conditionnel - je
743	avoir - Imparfait - tu
744	écrire - Passé Simple - je
745	manger - Imparfait - je
746	dire - Imparfait - nous
747	jeter - Futur Simple - tu
748	être - Subjonctif - tu
749	employer - Conditionnel - tu
750	finir - Imparfait - tu
751	faire - Futur Simple - vous
752	venir - Présent - ils
753	suivre - Futur Simple - ils
754	donner - Subjonctif - vous
755	voir - Subjonctif - il
756	appuyer - Conditionnel - il
757	pouvoir - Présent - ils
758	prendre - Imparfait - tu
759	pouvoir - Conditionnel - il
760	savoir - Subjonctif - il
761	donner - Subjonctif - il
762	pouvoir - Passé Simple - vous
763	écrire - Imparfait - ils
764	dire - Futur Simple - je
765	venir - Passé Simple - nous
766	offrir - Futur Simple - nous
767	savoir - Présent - tu
768	mettre - Conditionnel - je
769	pouvoir - Présent - tu
770	dire - Présent - tu
771	employer - Subjonctif - je
772	voir - Subjonctif - nous
773	suivre - Présent - je
774	recevoir - Futur Simple - nous
775	acheter - Imparfait - vous
776	souvenir - Passé Simple - je
777	voir - Présent - nous
778	recevoir - Présent - je

779	rappeler - Subjonctif - je
780	faire - Futur Simple - je
781	dire - Présent - vous
782	finir - Présent - vous
783	ouvrir - Futur Simple - il
784	prendre - Passé Simple - ils
785	partir - Présent - tu
786	préférer - Passé Simple - tu
787	préférer - Présent - il
788	vendre - Imparfait - tu
789	mettre - Imparfait - il
790	savoir - Présent - ils
791	avoir - Subjonctif - vous
792	préférer - Imparfait - tu
793	jeter - Passé Simple - nous
794	essayer - Présent - tu
795	essayer - Futur Simple - ils
796	avoir - Conditionnel - tu
797	pouvoir - Subjonctif - vous
798	sortir - Subjonctif - il
799	offrir - Présent - nous
800	essayer - Futur Simple - il
801	rappeler - Conditionnel - ils
802	savoir - Futur Simple - je
803	savoir - Passé Simple - vous
804	écrire - Subjonctif - tu
805	donner - Passé Simple - nous
806	peindre - Conditionnel - je
807	prendre - Conditionnel - je
808	commencer - Subjonctif - tu
809	venir - Imparfait - je
810	aller - Subjonctif - il
811	rappeler - Futur Simple - vous
812	être - Conditionnel - je
813	jeter - Présent - vous
814	essayer - Subjonctif - il
815	appuyer - Imparfait - tu
816	donner - Passé Simple - ils
817	acheter - Futur Simple - ils
818	manger - Présent - tu
819	souvenir - Subjonctif - tu

820	acheter - Passé Simple - vous
821	jeter - Futur Simple - nous
822	jeter - Passé Simple - je
823	offrir - Subjonctif - je
824	préférer - Futur Simple - tu
825	sortir - Subjonctif - nous
826	lire - Imparfait - ils
827	employer - Futur Simple - tu
828	connaître - Conditionnel - ils
829	acheter - Conditionnel - tu
830	peindre - Passé Simple - je
831	appuyer - Subjonctif - tu
832	souvenir - Imparfait - ils
833	aller - Futur Simple - je
834	souvenir - Présent - ils
835	dire - Imparfait - je
836	savoir - Futur Simple - ils
837	dire - Futur Simple - vous
838	recevoir - Subjonctif - tu
839	jeter - Subjonctif - je
840	faire - Présent - tu
841	aller - Imparfait - il
842	jeter - Futur Simple - vous
843	sortir - Passé Simple - je
844	préférer - Passé Simple - vous
845	recevoir - Présent - il
846	lire - Passé Simple - il
847	prendre - Subjonctif - ils
848	recevoir - Passé Simple - nous
849	commencer - Futur Simple - tu
850	donner - Conditionnel - tu
851	peindre - Conditionnel - nous
852	rappeler - Passé Simple - il
853	manger - Subjonctif - ils
854	rappeler - Présent - ils
855	recevoir - Imparfait - nous
856	venir - Passé Simple - il
857	vendre - Conditionnel - il
858	employer - Présent - je
859	manger - Imparfait - tu
860	essayer - Subjonctif - vous

861	souvenir - Imparfait - il
862	avoir - Passé Simple - vous
863	souvenir - Présent - nous
864	appuyer - Conditionnel - je
865	écrire - Subjonctif - je
866	essayer - Conditionnel - nous
867	jeter - Subjonctif - tu
868	voir - Passé Simple - ils
869	manger - Présent - nous
870	ouvrir - Présent - vous
871	ouvrir - Passé Simple - vous
872	être - Présent - il
873	être - Futur Simple - vous
874	partir - Imparfait - il
875	sentir - Subjonctif - tu
876	dire - Passé Simple - je
877	dire - Subjonctif - nous
878	prendre - Passé Simple - je
879	connaître - Imparfait - nous
880	aller - Subjonctif - je
881	peindre - Conditionnel - ils
882	commencer - Passé Simple - ils
883	connaître - Passé Simple - tu
884	savoir - Passé Simple - ils
885	savoir - Subjonctif - vous
886	partir - Présent - nous
887	acheter - Passé Simple - nous
888	avoir - Passé Simple - il
889	partir - Conditionnel - nous
890	sentir - Imparfait - il
891	dire - Subjonctif - ils
892	partir - Subjonctif - vous
893	sentir - Imparfait - tu
894	souvenir - Imparfait - vous
895	pouvoir - Conditionnel - ils
896	essayer - Subjonctif - je
897	préférer - Subjonctif - tu
898	dire - Présent - il
899	faire - Imparfait - ils
900	souvenir - Présent - je
901	vendre - Passé Simple - tu

902 sortir - Conditionnel - je
903 finir - Futur Simple - je
904 finir - Futur Simple - vous
905 employer - Passé Simple - nous
906 être - Présent - nous
907 rappeler - Présent - je
908 commencer - Conditionnel - il
909 peindre - Imparfait - nous
910 acheter - Conditionnel - il
911 peindre - Futur Simple - nous
912 ouvrir - Futur Simple - nous
913 connaître - Futur Simple - je
914 avoir - Conditionnel - nous
915 souvenir - Conditionnel - il
916 venir - Présent - il
917 rappeler - Imparfait - vous
918 aller - Passé Simple - vous
919 rappeler - Imparfait - nous
920 savoir - Subjonctif - ils
921 souvenir - Imparfait - tu
922 dire - Passé Simple - nous
923 vendre - Subjonctif - nous
924 acheter - Présent - vous
925 sentir - Passé Simple - vous
926 offrir - Passé Simple - il
927 prendre - Imparfait - ils
928 aller - Présent - nous
929 ouvrir - Imparfait - nous
930 voir - Présent - tu
931 pouvoir - Imparfait - nous
932 employer - Imparfait - nous
933 offrir - Futur Simple - ils
934 sentir - Futur Simple - ils
935 essayer - Passé Simple - tu
936 finir - Passé Simple - tu
937 essayer - Passé Simple - vous
938 employer - Passé Simple - il
939 offrir - Conditionnel - il
940 commencer - Passé Simple - tu
941 venir - Présent - vous
942 manger - Présent - il

943	lire - Futur Simple - je
944	essayer - Subjonctif - tu
945	voir - Imparfait - tu
946	venir - Subjonctif - ils
947	pouvoir - Futur Simple - ils
948	pouvoir - Subjonctif - nous
949	prendre - Passé Simple - nous
950	savoir - Conditionnel - ils
951	ouvrir - Futur Simple - tu
952	manger - Présent - vous
953	connaître - Imparfait - il
954	offrir - Subjonctif - il
955	donner - Subjonctif - nous
956	préférer - Conditionnel - je
957	lire - Futur Simple - ils
958	sentir - Futur Simple - je
959	être - Imparfait - je
960	pouvoir - Conditionnel - vous
961	peindre - Passé Simple - ils
962	prendre - Futur Simple - vous
963	offrir - Conditionnel - je
964	rappeler - Passé Simple - nous
965	finir - Passé Simple - il
966	recevoir - Imparfait - il
967	être - Conditionnel - il
968	prendre - Passé Simple - il
969	acheter - Passé Simple - je
970	employer - Futur Simple - je
971	essayer - Conditionnel - tu
972	souvenir - Futur Simple - nous
973	être - Passé Simple - vous
974	donner - Passé Simple - il
975	recevoir - Passé Simple - ils
976	souvenir - Passé Simple - vous
977	offrir - Futur Simple - je
978	mettre - Conditionnel - ils
979	donner - Futur Simple - nous
980	connaître - Imparfait - vous
981	suivre - Présent - vous
982	ouvrir - Présent - ils
983	lire - Subjonctif - ils

984	être - Subjonctif - ils
985	essayer - Passé Simple - il
986	écrire - Conditionnel - nous
987	prendre - Imparfait - nous
988	ouvrir - Imparfait - je
989	donner - Imparfait - il
990	partir - Futur Simple - vous
991	être - Subjonctif - nous
992	sentir - Subjonctif - nous
993	rappeler - Subjonctif - nous
994	jeter - Imparfait - vous
995	écrire - Futur Simple - nous
996	peindre - Futur Simple - ils
997	avoir - Conditionnel - vous
998	faire - Conditionnel - il
999	avoir - Futur Simple - vous
1000	rappeler - Passé Simple - ils
1001	acheter - Imparfait - ils
1002	commencer - Conditionnel - tu
1003	offrir - Subjonctif - vous
1004	ouvrir - Futur Simple - ils
1005	lire - Passé Simple - vous
1006	jeter - Imparfait - je
1007	aller - Futur Simple - il
1008	lire - Passé Simple - ils
1009	ouvrir - Conditionnel - il
1010	sentir - Subjonctif - je
1011	lire - Passé Simple - je
1012	écrire - Futur Simple - tu
1013	mettre - Présent - ils
1014	rappeler - Conditionnel - vous
1015	acheter - Futur Simple - je
1016	donner - Subjonctif - je
1017	peindre - Présent - vous
1018	sentir - Passé Simple - nous
1019	sentir - Subjonctif - ils
1020	manger - Futur Simple - vous
1021	mettre - Conditionnel - nous
1022	commencer - Passé Simple - je
1023	dire - Subjonctif - je
1024	voir - Conditionnel - tu

1025	prendre - Subjonctif - il
1026	peindre - Imparfait - ils
1027	suivre - Subjonctif - je
1028	essayer - Conditionnel - je
1029	manger - Conditionnel - vous
1030	offrir - Imparfait - je
1031	suivre - Passé Simple - nous
1032	sentir - Présent - ils
1033	ouvrir - Subjonctif - il
1034	employer - Subjonctif - nous
1035	pouvoir - Subjonctif - tu
1036	pouvoir - Imparfait - il
1037	essayer - Passé Simple - nous
1038	mettre - Conditionnel - il
1039	sortir - Futur Simple - vous
1040	être - Imparfait - nous
1041	partir - Passé Simple - je
1042	prendre - Conditionnel - tu
1043	faire - Imparfait - tu
1044	faire - Passé Simple - tu
1045	faire - Futur Simple - ils
1046	sentir - Passé Simple - il
1047	vendre - Conditionnel - vous
1048	peindre - Imparfait - il
1049	écrire - Conditionnel - ils
1050	essayer - Futur Simple - tu
1051	appuyer - Imparfait - il
1052	recevoir - Subjonctif - nous
1053	ouvrir - Présent - il
1054	finir - Conditionnel - je
1055	aller - Présent - il
1056	savoir - Passé Simple - nous
1057	rappeler - Passé Simple - je
1058	partir - Imparfait - ils
1059	être - Présent - ils
1060	acheter - Présent - tu
1061	jeter - Futur Simple - je
1062	sortir - Passé Simple - ils
1063	commencer - Imparfait - je
1064	avoir - Conditionnel - je
1065	vendre - Futur Simple - ils

1066	écrire - Imparfait - je
1067	aller - Conditionnel - il
1068	préférer - Passé Simple - ils
1069	voir - Subjonctif - tu
1070	sortir - Futur Simple - nous
1071	recevoir - Conditionnel - il
1072	vendre - Futur Simple - tu
1073	souvenir - Passé Simple - tu
1074	prendre - Présent - tu
1075	ouvrir - Conditionnel - nous
1076	dire - Imparfait - ils
1077	préférer - Passé Simple - nous
1078	venir - Présent - nous
1079	sentir - Passé Simple - ils
1080	partir - Subjonctif - nous
1081	faire - Subjonctif - tu
1082	avoir - Subjonctif - il
1083	dire - Passé Simple - il
1084	finir - Futur Simple - nous
1085	écrire - Imparfait - il
1086	connaître - Conditionnel - je
1087	suivre - Présent - nous
1088	savoir - Conditionnel - vous
1089	faire - Présent - je
1090	suivre - Imparfait - nous
1091	finir - Imparfait - ils
1092	rappeler - Présent - tu
1093	lire - Futur Simple - tu
1094	souvenir - Présent - il
1095	employer - Imparfait - ils
1096	rappeler - Présent - il
1097	jeter - Imparfait - nous
1098	employer - Présent - ils
1099	souvenir - Subjonctif - il
1100	jeter - Conditionnel - vous
1101	sortir - Subjonctif - tu
1102	pouvoir - Futur Simple - vous
1103	avoir - Futur Simple - ils
1104	dire - Passé Simple - tu
1105	savoir - Conditionnel - tu
1106	commencer - Imparfait - nous

1107	être - Passé Simple - tu	
1108	peindre - Subjonctif - vous	
1109	aller - Présent - vous	
1110	avoir - Présent - nous	
1111	sortir - Imparfait - vous	
1112	donner - Imparfait - tu	
1113	recevoir - Passé Simple - il	
1114	voir - Futur Simple - il	
1115	manger - Passé Simple - je	
1116	donner - Futur Simple - je	
1117	manger - Subjonctif - tu	
1118	partir - Présent - ils	
1119	jeter - Passé Simple - tu	
1120	recevoir - Futur Simple - vous	
1121	essayer - Conditionnel - ils	
1122	peindre - Subjonctif - nous	
1123	faire - Passé Simple - ils	
1124	acheter - Futur Simple - vous	
1125	sortir - Présent - je	
1126	donner - Futur Simple - il	
1127	mettre - Imparfait - nous	
1128	peindre - Passé Simple - nous	
1129	recevoir - Imparfait - vous	
1130	recevoir - Futur Simple - ils	
1131	voir - Conditionnel - je	
1132	suivre - Imparfait - vous	
1133	donner - Présent - nous	
1134	peindre - Passé Simple - il	
1135	finir - Imparfait - je	
1136	sortir - Conditionnel - tu	
1137	venir - Futur Simple - il	
1138	employer - Imparfait - tu	
1139	dire - Futur Simple - tu	
1140	pouvoir - Présent - je	
1141	employer - Conditionnel - vous	
1142	avoir - Passé Simple - tu	
1143	voir - Passé Simple - il	
1144	ouvrir - Subjonctif - tu	
1145	sortir - Imparfait - je	
1146	être - Subjonctif - vous	
1147	partir - Imparfait - nous	

1148	lire - Conditionnel - ils
1149	avoir - Imparfait - nous
1150	suivre - Subjonctif - nous
1151	faire - Subjonctif - vous
1152	venir - Subjonctif - nous
1153	savoir - Imparfait - il
1154	savoir - Conditionnel - je
1155	lire - Subjonctif - il
1156	savoir - Imparfait - tu
1157	ouvrir - Passé Simple - ils
1158	venir - Subjonctif - il
1159	être - Futur Simple - nous
1160	essayer - Passé Simple - ils
1161	souvenir - Passé Simple - ils
1162	être - Présent - je
1163	peindre - Conditionnel - vous
1164	acheter - Subjonctif - vous
1165	donner - Présent - je
1166	recevoir - Subjonctif - je
1167	rappeler - Futur Simple - je
1168	appuyer - Présent - je
1169	prendre - Conditionnel - ils
1170	voir - Présent - vous
1171	pouvoir - Subjonctif - il
1172	écrire - Subjonctif - nous
1173	appuyer - Conditionnel - tu
1174	écrire - Conditionnel - vous
1175	rappeler - Futur Simple - nous
1176	offrir - Passé Simple - tu
1177	vendre - Présent - tu
1178	peindre - Conditionnel - tu
1179	lire - Conditionnel - je
1180	mettre - Futur Simple - ils
1181	être - Subjonctif - il
1182	connaître - Présent - vous
1183	venir - Présent - je
1184	être - Passé Simple - je
1185	finir - Présent - nous
1186	sentir - Conditionnel - tu
1187	finir - Subjonctif - nous
1188	manger - Futur Simple - il

1189	acheter - Imparfait - il	
1190	donner - Imparfait - nous	
1191	lire - Imparfait - nous	
1192	lire - Subjonctif - nous	
1193	vendre - Subjonctif - vous	
1194	sortir - Conditionnel - nous	
1195	partir - Subjonctif - il	
1196	voir - Présent - je	
1197	ouvrir - Conditionnel - je	
1198	préférer - Futur Simple - je	
1199	mettre - Imparfait - je	
1200	appuyer - Conditionnel - vous	

Solutions

1	prendre - Présent - nous:	prenons
2	vendre - Passé Simple - nous:	vendûmes
3	prendre - Futur Simple - je:	prendrai
4	manger - Subjonctif - nous:	mangions
5	donner - Passé Simple - je:	donnai
6	partir - Conditionnel - ils:	partiraient
7	employer - Passé Simple - ils:	employèrent
8	être - Conditionnel - vous:	seriez
9	préférer - Imparfait - nous:	préférions
10	commencer - Présent - tu:	commences
11	écrire - Présent - je:	écris
12	commencer - Passé Simple - il:	commença
13	dire - Futur Simple - ils:	diront
14	finir - Futur Simple - tu:	finiras
15	être - Futur Simple - ils:	seront
16	être - Conditionnel - nous:	serions
17	faire - Conditionnel - ils:	feraient
18	préférer - Présent - vous:	préférez
19	mettre - Subjonctif - ils:	mettent
20	peindre - Futur Simple - il:	peindra
21	mettre - Passé Simple - il:	mit
22	commencer - Futur Simple - vous:	commencerez
23	jeter - Subjonctif - ils:	jettent
24	connaître - Passé Simple - ils:	connurent
25	appuyer - Passé Simple - ils:	appuyèrent
26	préférer - Subjonctif - nous:	préférions
27	préférer - Futur Simple - nous:	préférerons
28	jeter - Passé Simple - vous:	jetâtes
29	jeter - Imparfait - il:	jetait
30	vendre - Présent - vous:	vendez
31	lire - Conditionnel - vous:	liriez
32	mettre - Conditionnel - tu:	mettrais
33	rappeler - Subjonctif - ils:	rappellent
34	appuyer - Futur Simple - nous:	appuierons
35	écrire - Futur Simple - vous:	écrirez
36	aller - Présent - tu:	vas
37	ouvrir - Conditionnel - vous:	ouvririez
38	acheter - Passé Simple - tu:	achetas
39	rappeler - Futur Simple - ils:	rappelleront
40	suivre - Conditionnel - tu:	suivrais

41	lire - Présent - je: lis
42	ouvrir - Présent - tu: ouvres
43	voir - Imparfait - ils: voyaient
44	avoir - Conditionnel - il: aurait
45	être - Passé Simple - nous: fûmes
46	mettre - Conditionnel - vous: mettriez
47	rappeler - Imparfait - tu: rappelais
48	faire - Passé Simple - nous: fimes
49	essayer - Présent - nous: essayons
50	connaître - Passé Simple - il: connut
51	finir - Subjonctif - vous: finissiez
52	sentir - Futur Simple - nous: sentirons
53	préférer - Futur Simple - il: préférera
54	préférer - Futur Simple - vous: préférerez
55	avoir - Imparfait - vous: aviez
56	manger - Imparfait - nous: mangions
57	faire - Présent - il: fait
58	essayer - Imparfait - ils: essayaient
59	aller - Imparfait - nous: allions
60	donner - Présent - vous: donnez
61	souvenir - Futur Simple - tu: souviendras
62	savoir - Présent - il: sait
63	rappeler - Subjonctif - il: rappelle
64	souvenir - Subjonctif - nous: souvenions
65	commencer - Conditionnel - vous: commenceriez
66	lire - Conditionnel - il: lirait
67	connaître - Subjonctif - nous: connaissions
68	lire - Subjonctif - vous: lisiez
69	vendre - Passé Simple - ils: vendurent
70	rappeler - Présent - nous: rappelons
71	être - Imparfait - ils: étaient
72	donner - Conditionnel - je: donnerais
73	acheter - Conditionnel - je: achèterais
74	préférer - Subjonctif - ils: préfèrent
75	ouvrir - Passé Simple - tu: ouvris
76	sentir - Présent - tu: sens
77	manger - Futur Simple - nous: mangerons
78	dire - Conditionnel - je: dirais
79	sortir - Présent - il: sort
80	mettre - Futur Simple - je: mettrai
81	pouvoir - Passé Simple - tu: pus

82	jeter - Passé Simple - ils: jetèrent
83	souvenir - Conditionnel - tu: souviendrais
84	peindre - Imparfait - vous: peigniez
85	recevoir - Conditionnel - je: offrirais
86	dire - Subjonctif - tu: dises
87	souvenir - Présent - vous: souvenez
88	ouvrir - Subjonctif - vous: ouvriez
89	employer - Présent - il: emploie
90	essayer - Imparfait - je: essayais
91	écrire - Futur Simple - je: écrirai
92	essayer - Imparfait - nous: essayions
93	sortir - Passé Simple - tu: sortis
94	prendre - Présent - vous: prenez
95	faire - Conditionnel - vous: feriez
96	commencer - Futur Simple - je: commencerai
97	lire - Passé Simple - nous: lûmes
98	dire - Conditionnel - nous: dirions
99	venir - Conditionnel - ils: viendraient
100	mettre - Présent - je: mets
101	mettre - Passé Simple - nous: mîmes
102	pouvoir - Passé Simple - je: pus
103	suivre - Imparfait - il: suivait
104	avoir - Imparfait - je: avais
105	sentir - Futur Simple - tu: sentiras
106	recevoir - Conditionnel - vous: offririez
107	écrire - Futur Simple - ils: écriront
108	acheter - Présent - nous: achetons
109	employer - Subjonctif - tu: emploies
110	venir - Futur Simple - ils: viendront
111	rappeler - Futur Simple - tu: rappelleras
112	recevoir - Présent - ils: reçoivent
113	prendre - Conditionnel - vous: prendriez
114	mettre - Futur Simple - vous: mettrez
115	sentir - Imparfait - nous: sentions
116	être - Futur Simple - il: sera
117	donner - Imparfait - vous: donniez
118	peindre - Présent - il: peint
119	commencer - Subjonctif - vous: commenciez
120	lire - Futur Simple - nous: lirons
121	acheter - Subjonctif - tu: achètes
122	sentir - Futur Simple - vous: sentirez

123	faire - Subjonctif - il: fasse
124	dire - Imparfait - vous: disiez
125	partir - Futur Simple - il: partira
126	aller - Futur Simple - vous: irez
127	ouvrir - Présent - je: ouvre
128	manger - Passé Simple - il: mangea
129	voir - Futur Simple - tu: verras
130	aller - Conditionnel - tu: irais
131	mettre - Imparfait - vous: mettiez
132	lire - Conditionnel - tu: lirais
133	offrir - Passé Simple - je: offris
134	connaître - Futur Simple - il: connaîtra
135	employer - Futur Simple - il: emploiera
136	faire - Futur Simple - nous: ferons
137	partir - Présent - vous: partez
138	acheter - Imparfait - nous: achetions
139	commencer - Présent - ils: commencent
140	jeter - Conditionnel - ils: jetteraient
141	ouvrir - Conditionnel - tu: ouvrirais
142	voir - Conditionnel - nous: verrions
143	finir - Subjonctif - tu: finisses
144	avoir - Futur Simple - il: aura
145	faire - Subjonctif - nous: fassions
146	venir - Présent - tu: viens
147	appuyer - Présent - il: appuie
148	préférer - Conditionnel - nous: préférerions
149	souvenir - Futur Simple - je: souviendrai
150	partir - Passé Simple - il: partit
151	venir - Subjonctif - vous: veniez
152	partir - Futur Simple - je: partirai
153	pouvoir - Imparfait - vous: pouviez
154	partir - Imparfait - vous: partiez
155	savoir - Présent - vous: savez
156	connaître - Imparfait - ils: connaissaient
157	jeter - Futur Simple - il: jettera
158	prendre - Imparfait - vous: preniez
159	suivre - Imparfait - tu: suivais
160	manger - Conditionnel - tu: mangerais
161	recevoir - Conditionnel - nous: offririons
162	recevoir - Futur Simple - il: recevra
163	manger - Passé Simple - ils: mangèrent

164	vendre - Présent - nous: vendons
165	aller - Subjonctif - ils: aillent
166	faire - Futur Simple - tu: feras
167	pouvoir - Passé Simple - il: put
168	sentir - Subjonctif - vous: sentiez
169	voir - Futur Simple - ils: verront
170	souvenir - Conditionnel - ils: souviendraient
171	mettre - Présent - il: met
172	pouvoir - Conditionnel - je: pouvrais
173	mettre - Subjonctif - nous: mettions
174	mettre - Futur Simple - tu: mettras
175	voir - Imparfait - il: voyait
176	suivre - Subjonctif - tu: suives
177	appuyer - Présent - nous: appuyons
178	avoir - Subjonctif - nous: ayons
179	offrir - Conditionnel - vous: offririez
180	vendre - Conditionnel - tu: vendrais
181	offrir - Conditionnel - ils: offriraient
182	commencer - Futur Simple - il: commencera
183	peindre - Imparfait - je: peignais
184	vendre - Conditionnel - ils: vendraient
185	partir - Subjonctif - tu: partes
186	vendre - Présent - je: vends
187	préférer - Conditionnel - tu: préférerais
188	écrire - Subjonctif - ils: écrivent
189	appuyer - Subjonctif - il: appuie
190	vendre - Futur Simple - vous: vendrez
191	préférer - Futur Simple - ils: préféreront
192	finir - Présent - il: finit
193	dire - Conditionnel - il: dirait
194	venir - Futur Simple - je: viendrai
195	être - Futur Simple - je: serai
196	vendre - Subjonctif - il: vende
197	lire - Présent - vous: lisez
198	savoir - Imparfait - ils: savaient
199	commencer - Présent - nous: commençons
200	essayer - Présent - il: essaie
201	jeter - Futur Simple - ils: jetteront
202	donner - Conditionnel - ils: donneraient
203	sentir - Conditionnel - ils: sentiraient
204	aller - Présent - ils: vont

205	recevoir - Présent - vous: recevez
206	recevoir - Passé Simple - je: reçus
207	souvenir - Subjonctif - je: souvienne
208	acheter - Subjonctif - nous: achetions
209	sentir - Conditionnel - je: sentirais
210	peindre - Futur Simple - vous: peindrez
211	souvenir - Futur Simple - ils: souviendront
212	avoir - Subjonctif - je: aie
213	mettre - Subjonctif - vous: mettiez
214	écrire - Passé Simple - il: écrivit
215	commencer - Présent - il: commence
216	voir - Passé Simple - vous: vîtes
217	prendre - Présent - je: prends
218	suivre - Subjonctif - vous: suiviez
219	venir - Imparfait - vous: veniez
220	appuyer - Imparfait - je: appuyais
221	connaître - Passé Simple - nous: connûmes
222	savoir - Passé Simple - je: sus
223	préférer - Présent - ils: préfèrent
224	dire - Présent - nous: disons
225	rappeler - Présent - vous: rappelez
226	suivre - Passé Simple - tu: suivis
227	lire - Imparfait - je: lisais
228	préférer - Conditionnel - il: préférerait
229	appuyer - Passé Simple - il: appuya
230	jeter - Passé Simple - il: jeta
231	vendre - Conditionnel - nous: vendrions
232	savoir - Conditionnel - nous: saurions
233	faire - Présent - nous: faisons
234	acheter - Subjonctif - il: achète
235	connaître - Conditionnel - tu: connaîtrais
236	préférer - Imparfait - il: préférait
237	offrir - Subjonctif - tu: offres
238	avoir - Futur Simple - tu: auras
239	partir - Conditionnel - tu: partirais
240	acheter - Futur Simple - il: achètera
241	manger - Subjonctif - vous: mangiez
242	écrire - Passé Simple - nous: écrivîmes
243	suivre - Subjonctif - ils: suivent
244	prendre - Présent - ils: prennent
245	sentir - Subjonctif - il: sente

246	employer - Conditionnel - je: emploierais
247	savoir - Subjonctif - je: sache
248	essayer - Présent - ils: essaient
249	connaître - Imparfait - je: connaissais
250	employer - Futur Simple - ils: emploieront
251	faire - Passé Simple - je: fis
252	peindre - Présent - nous: peignons
253	ouvrir - Passé Simple - nous: ouvrîmes
254	vendre - Futur Simple - je: vendrai
255	être - Imparfait - vous: étiez
256	connaître - Subjonctif - je: connaisse
257	aller - Passé Simple - il: alla
258	être - Imparfait - tu: étais
259	connaître - Présent - nous: connaissons
260	venir - Conditionnel - nous: viendrions
261	connaître - Conditionnel - il: connaîtrait
262	peindre - Conditionnel - il: peindrait
263	préférer - Passé Simple - je: préférai
264	appuyer - Conditionnel - ils: appuieraient
265	sortir - Futur Simple - je: sortirai
266	offrir - Présent - tu: offres
267	venir - Futur Simple - tu: viendras
268	écrire - Passé Simple - ils: écrivirent
269	lire - Futur Simple - il: lira
270	dire - Imparfait - tu: disais
271	commencer - Futur Simple - ils: commenceront
272	offrir - Passé Simple - ils: offrirent
273	donner - Futur Simple - ils: donneront
274	savoir - Passé Simple - tu: sus
275	essayer - Présent - vous: essayez
276	écrire - Passé Simple - vous: écrivîtes
277	sortir - Passé Simple - nous: sortîmes
278	mettre - Imparfait - tu: mettais
279	manger - Conditionnel - je: mangerais
280	dire - Imparfait - il: disait
281	souvenir - Imparfait - nous: souvenions
282	sortir - Subjonctif - je: sorte
283	suivre - Futur Simple - vous: suivrez
284	mettre - Subjonctif - il: mette
285	jeter - Subjonctif - vous: jetiez
286	manger - Conditionnel - nous: mangerions

287	connaître - Passé Simple - je: connus
288	employer - Passé Simple - vous: employâtes
289	appuyer - Présent - vous: appuyez
290	jeter - Imparfait - tu: jetais
291	appuyer - Futur Simple - vous: appuierez
292	faire - Conditionnel - tu: ferais
293	peindre - Imparfait - tu: peignais
294	jeter - Présent - ils: jettent
295	sortir - Imparfait - ils: sortaient
296	sentir - Présent - je: sens
297	prendre - Subjonctif - vous: preniez
298	savoir - Conditionnel - il: saurait
299	mettre - Présent - tu: mets
300	rappeler - Passé Simple - vous: rappelâtes
301	appuyer - Futur Simple - ils: appuieront
302	faire - Conditionnel - je: ferais
303	finir - Subjonctif - il: finisse
304	vendre - Subjonctif - ils: vendent
305	prendre - Conditionnel - il: prendrait
306	partir - Passé Simple - tu: partis
307	suivre - Conditionnel - vous: suivriez
308	donner - Présent - ils: donnent
309	connaître - Subjonctif - vous: connaissiez
310	connaître - Présent - je: connais
311	vendre - Présent - il: vend
312	employer - Subjonctif - ils: emploient
313	savoir - Imparfait - nous: savions
314	voir - Passé Simple - nous: vîmes
315	préférer - Présent - nous: préférons
316	préférer - Présent - je: préfère
317	employer - Imparfait - il: employait
318	rappeler - Conditionnel - il: rappellerait
319	prendre - Présent - il: prend
320	rappeler - Conditionnel - nous: rappellerions
321	sentir - Imparfait - ils: sentaient
322	offrir - Présent - vous: offrez
323	acheter - Présent - je: achète
324	prendre - Futur Simple - nous: prendrons
325	dire - Subjonctif - vous: disiez
326	sentir - Passé Simple - je: sentis
327	lire - Subjonctif - je: lise

328	peindre - Passé Simple - tu: peignis
329	offrir - Subjonctif - nous: offrions
330	faire - Imparfait - je: faisais
331	être - Présent - tu: es
332	commencer - Imparfait - vous: commenciez
333	appuyer - Subjonctif - ils: appuient
334	écrire - Présent - ils: écrivent
335	donner - Subjonctif - tu: donnes
336	lire - Futur Simple - vous: lirez
337	ouvrir - Imparfait - il: ouvrait
338	finir - Imparfait - vous: finissiez
339	offrir - Passé Simple - nous: offrîmes
340	donner - Subjonctif - ils: donnent
341	écrire - Passé Simple - tu: écrivis
342	offrir - Imparfait - tu: offrais
343	donner - Futur Simple - tu: donneras
344	pouvoir - Subjonctif - ils: puissent
345	suivre - Passé Simple - ils: suivirent
346	suivre - Imparfait - ils: suivaient
347	manger - Imparfait - vous: mangiez
348	employer - Futur Simple - vous: emploierez
349	appuyer - Présent - ils: appuient
350	recevoir - Futur Simple - je: recevrai
351	essayer - Conditionnel - vous: essaieriez
352	essayer - Futur Simple - je: essaierai
353	acheter - Conditionnel - ils: achèteraient
354	peindre - Subjonctif - je: peigne
355	essayer - Imparfait - il: essayait
356	commencer - Passé Simple - nous: commençâmes
357	venir - Imparfait - ils: venaient
358	pouvoir - Futur Simple - tu: pourras
359	aller - Imparfait - je: allais
360	pouvoir - Futur Simple - il: pourra
361	aller - Imparfait - ils: allaient
362	ouvrir - Futur Simple - vous: ouvrirez
363	écrire - Imparfait - nous: écrivions
364	partir - Présent - je: pars
365	lire - Subjonctif - tu: lises
366	aller - Conditionnel - je: irais
367	suivre - Futur Simple - tu: suivras
368	aller - Passé Simple - je: allai

369	sortir - Passé Simple - il: sortit
370	être - Subjonctif - je: sois
371	partir - Conditionnel - il: partirait
372	vendre - Imparfait - je: vendais
373	partir - Conditionnel - vous: partiriez
374	peindre - Futur Simple - tu: peindras
375	venir - Futur Simple - vous: viendrez
376	ouvrir - Subjonctif - ils: ouvrent
377	manger - Imparfait - il: mangeait
378	employer - Conditionnel - nous: emploierions
379	voir - Imparfait - vous: voyiez
380	suivre - Présent - il: suit
381	jeter - Présent - je: jette
382	préférer - Conditionnel - ils: préféreraient
383	acheter - Subjonctif - ils: achètent
384	suivre - Passé Simple - vous: suivîtes
385	manger - Conditionnel - ils: mangeraient
386	avoir - Subjonctif - tu: aies
387	connaître - Conditionnel - vous: connaîtriez
388	connaître - Futur Simple - tu: connaîtras
389	être - Imparfait - il: était
390	aller - Imparfait - vous: alliez
391	recevoir - Imparfait - tu: recevais
392	faire - Conditionnel - nous: ferions
393	voir - Subjonctif - vous: voyiez
394	lire - Imparfait - vous: lisiez
395	finir - Conditionnel - nous: finirions
396	sortir - Présent - vous: sortez
397	appuyer - Subjonctif - vous: appuyiez
398	faire - Présent - ils: font
399	jeter - Présent - tu: jettes
400	connaître - Passé Simple - vous: connûtes
401	recevoir - Conditionnel - ils: offriraient
402	recevoir - Subjonctif - ils: reçoivent
403	venir - Passé Simple - ils: vinrent
404	appuyer - Imparfait - nous: appuyions
405	pouvoir - Imparfait - ils: pouvaient
406	pouvoir - Passé Simple - ils: purent
407	dire - Passé Simple - ils: dirent
408	venir - Subjonctif - tu: viennes
409	avoir - Subjonctif - ils: aient

410	commencer - Présent - je: commence
411	prendre - Futur Simple - ils: prendront
412	suivre - Présent - ils: suivent
413	rappeler - Subjonctif - vous: rappelliez
414	venir - Imparfait - il: venait
415	jeter - Conditionnel - tu: jetterais
416	ouvrir - Futur Simple - je: ouvrirai
417	acheter - Subjonctif - je: achète
418	voir - Conditionnel - il: verrait
419	appuyer - Passé Simple - nous: appuyâmes
420	peindre - Futur Simple - je: peindrai
421	savoir - Futur Simple - nous: saurons
422	jeter - Conditionnel - nous: jetterions
423	partir - Imparfait - je: partais
424	finir - Imparfait - nous: finissions
425	appuyer - Imparfait - vous: appuyiez
426	aller - Imparfait - tu: allais
427	mettre - Futur Simple - il: mettra
428	offrir - Futur Simple - il: offrira
429	partir - Futur Simple - ils: partiront
430	pouvoir - Présent - nous: pouvons
431	donner - Passé Simple - vous: donnâtes
432	aller - Passé Simple - tu: allas
433	mettre - Présent - nous: mettons
434	venir - Futur Simple - nous: viendrons
435	suivre - Futur Simple - il: suivra
436	sentir - Conditionnel - il: sentirait
437	vendre - Futur Simple - nous: vendrons
438	prendre - Subjonctif - nous: prenions
439	écrire - Conditionnel - je: écrirais
440	commencer - Conditionnel - ils: commenceraient
441	manger - Futur Simple - ils: mangeront
442	manger - Présent - je: mange
443	dire - Conditionnel - ils: diraient
444	avoir - Passé Simple - je: eus
445	mettre - Subjonctif - tu: mettes
446	écrire - Imparfait - vous: écriviez
447	donner - Passé Simple - tu: donnas
448	préférer - Imparfait - je: préférais
449	manger - Imparfait - ils: mangeaient
450	jeter - Présent - il: jette

451	recevoir - Conditionnel - tu: offrirais
452	vendre - Futur Simple - il: vendra
453	mettre - Présent - vous: mettez
454	souvenir - Passé Simple - nous: souvînmes
455	venir - Passé Simple - vous: vîntes
456	être - Conditionnel - tu: serais
457	avoir - Présent - vous: aviez
458	appuyer - Subjonctif - nous: appuyions
459	savoir - Présent - nous: savons
460	acheter - Conditionnel - nous: achèterions
461	employer - Passé Simple - je: employai
462	prendre - Subjonctif - tu: prennes
463	souvenir - Conditionnel - nous: souviendrions
464	offrir - Conditionnel - tu: offrirais
465	offrir - Futur Simple - tu: offriras
466	rappeler - Imparfait - ils: rappelaient
467	aller - Présent - je: vais
468	prendre - Imparfait - il: prenait
469	venir - Imparfait - tu: venais
470	voir - Imparfait - nous: voyions
471	essayer - Passé Simple - je: essayai
472	écrire - Présent - nous: écrivons
473	aller - Passé Simple - ils: allèrent
474	aller - Subjonctif - tu: ailles
475	offrir - Imparfait - il: offrait
476	voir - Imparfait - je: voyais
477	aller - Passé Simple - nous: allâmes
478	ouvrir - Présent - nous: ouvrons
479	être - Futur Simple - tu: seras
480	aller - Conditionnel - ils: iraient
481	dire - Conditionnel - tu: dirais
482	rappeler - Conditionnel - tu: rappellerais
483	rappeler - Conditionnel - je: rappellerais
484	rappeler - Futur Simple - il: rappellera
485	finir - Conditionnel - vous: finiriez
486	appuyer - Passé Simple - vous: appuyâtes
487	employer - Subjonctif - vous: employiez
488	finir - Subjonctif - je: finisse
489	offrir - Imparfait - vous: offriez
490	connaître - Subjonctif - il: connaisse
491	sortir - Subjonctif - vous: sortiez

492	acheter - Passé Simple - ils: achetèrent
493	employer - Présent - nous: employons
494	faire - Subjonctif - je: fasse
495	connaître - Subjonctif - tu: connaisses
496	écrire - Imparfait - tu: écrivais
497	jeter - Imparfait - ils: jetaient
498	pouvoir - Passé Simple - nous: pûmes
499	essayer - Subjonctif - ils: essaient
500	ouvrir - Imparfait - tu: ouvrais
501	acheter - Présent - il: achète
502	pouvoir - Subjonctif - je: puisse
503	finir - Passé Simple - nous: finîmes
504	finir - Passé Simple - je: finis
505	essayer - Conditionnel - il: essaierait
506	savoir - Futur Simple - tu: sauras
507	aller - Futur Simple - tu: iras
508	avoir - Présent - je: ai
509	recevoir - Futur Simple - tu: recevras
510	employer - Passé Simple - tu: employas
511	sortir - Conditionnel - il: sortirait
512	offrir - Présent - je: offre
513	faire - Imparfait - nous: faisions
514	essayer - Futur Simple - vous: essaierez
515	donner - Présent - tu: donnes
516	suivre - Présent - tu: suis
517	recevoir - Subjonctif - vous: receviez
518	sentir - Conditionnel - vous: sentiriez
519	commencer - Conditionnel - je: commencerais
520	pouvoir - Futur Simple - je: pourrai
521	appuyer - Futur Simple - tu: appuieras
522	vendre - Passé Simple - il: vendut
523	sentir - Imparfait - vous: sentiez
524	donner - Imparfait - ils: donnaient
525	prendre - Conditionnel - nous: prendrions
526	peindre - Subjonctif - tu: peignes
527	employer - Présent - vous: employez
528	faire - Passé Simple - il: fit
529	écrire - Futur Simple - il: écrira
530	peindre - Présent - tu: peins
531	manger - Futur Simple - je: mangerai
532	donner - Imparfait - je: donnais

533	sortir - Conditionnel - ils: sortiraient
534	préférer - Passé Simple - il: préféra
535	lire - Imparfait - tu: lisais
536	rappeler - Imparfait - il: rappelait
537	aller - Futur Simple - nous: irons
538	finir - Passé Simple - vous: finîtes
539	finir - Présent - tu: finis
540	lire - Conditionnel - nous: lirions
541	finir - Imparfait - il: finissait
542	venir - Conditionnel - tu: viendrais
543	rappeler - Passé Simple - tu: rappelas
544	manger - Conditionnel - il: mangerait
545	avoir - Futur Simple - je: aurai
546	manger - Subjonctif - il: mange
547	écrire - Subjonctif - il: écrive
548	partir - Passé Simple - nous: partîmes
549	pouvoir - Imparfait - tu: pouvais
550	recevoir - Subjonctif - il: reçoive
551	avoir - Passé Simple - nous: eûmes
552	ouvrir - Passé Simple - je: ouvris
553	commencer - Imparfait - ils: commençaient
554	prendre - Futur Simple - il: prendra
555	sortir - Présent - tu: sors
556	ouvrir - Subjonctif - nous: ouvrions
557	essayer - Présent - je: essaie
558	prendre - Passé Simple - tu: pris
559	appuyer - Passé Simple - je: appuyai
560	connaître - Imparfait - tu: connaissais
561	souvenir - Futur Simple - il: souviendra
562	lire - Présent - il: lit
563	employer - Imparfait - vous: employiez
564	sortir - Présent - nous: sortons
565	faire - Subjonctif - ils: fassent
566	être - Passé Simple - ils: furent
567	employer - Conditionnel - ils: emploieraient
568	lire - Imparfait - il: lisait
569	dire - Futur Simple - il: dira
570	sentir - Futur Simple - il: sentira
571	offrir - Présent - il: offre
572	employer - Imparfait - je: employais
573	employer - Conditionnel - il: emploierait

574	savoir - Subjonctif - nous: sachions
575	acheter - Passé Simple - il: acheta
576	partir - Subjonctif - je: parte
577	recevoir - Imparfait - je: recevais
578	venir - Conditionnel - je: viendrais
579	sortir - Subjonctif - ils: sortent
580	vendre - Présent - ils: vendent
581	mettre - Imparfait - ils: mettaient
582	savoir - Futur Simple - vous: saurez
583	manger - Passé Simple - tu: mangeas
584	écrire - Conditionnel - il: écrirait
585	commencer - Passé Simple - vous: commençâtes
586	écrire - Conditionnel - tu: écrirais
587	suivre - Futur Simple - je: suivrai
588	pouvoir - Imparfait - je: pouvais
589	connaître - Conditionnel - nous: connaîtrions
590	mettre - Passé Simple - vous: mîtes
591	préférer - Subjonctif - vous: préfériez
592	essayer - Futur Simple - nous: essaierons
593	suivre - Conditionnel - ils: suivraient
594	connaître - Futur Simple - nous: connaîtrons
595	écrire - Subjonctif - vous: écriviez
596	savoir - Imparfait - je: savais
597	acheter - Futur Simple - tu: achèteras
598	connaître - Présent - ils: connaissent
599	préférer - Imparfait - ils: préféraient
600	employer - Futur Simple - nous: emploierons
601	avoir - Présent - ils: ont
602	lire - Présent - tu: lis
603	dire - Passé Simple - vous: dîtes
604	vendre - Imparfait - vous: vendiez
605	recevoir - Imparfait - ils: recevaient
606	jeter - Présent - nous: jetons
607	suivre - Subjonctif - il: suive
608	appuyer - Futur Simple - je: appuierai
609	commencer - Subjonctif - je: commence
610	vendre - Subjonctif - tu: vendes
611	vendre - Imparfait - il: vendait
612	connaître - Subjonctif - ils: connaissent
613	appuyer - Passé Simple - tu: appuyas
614	souvenir - Futur Simple - vous: souviendrez

615	acheter - Futur Simple - nous: achèterons
616	vendre - Subjonctif - je: vende
617	lire - Passé Simple - tu: lus
618	voir - Futur Simple - vous: verrez
619	peindre - Subjonctif - ils: peignent
620	suivre - Passé Simple - je: suivis
621	faire - Imparfait - vous: faisiez
622	finir - Futur Simple - il: finira
623	appuyer - Imparfait - ils: appuyaient
624	savoir - Passé Simple - il: sut
625	appuyer - Subjonctif - je: appuie
626	suivre - Conditionnel - il: suivrait
627	voir - Passé Simple - je: vis
628	connaître - Présent - tu: connais
629	donner - Conditionnel - nous: donnerions
630	commencer - Subjonctif - ils: commencent
631	sortir - Imparfait - nous: sortions
632	essayer - Imparfait - vous: essayiez
633	aller - Futur Simple - ils: iront
634	venir - Imparfait - nous: venions
635	voir - Présent - ils: voient
636	voir - Conditionnel - ils: verraient
637	dire - Futur Simple - nous: dirons
638	sentir - Passé Simple - tu: sentis
639	peindre - Présent - ils: peignent
640	offrir - Présent - ils: offrent
641	ouvrir - Subjonctif - je: ouvre
642	venir - Conditionnel - il: viendrait
643	faire - Imparfait - il: faisait
644	peindre - Présent - je: peins
645	avoir - Imparfait - il: avait
646	prendre - Imparfait - je: prenais
647	donner - Futur Simple - vous: donnerez
648	venir - Conditionnel - vous: viendriez
649	prendre - Futur Simple - tu: prendras
650	pouvoir - Présent - il: peut
651	voir - Passé Simple - tu: vis
652	mettre - Futur Simple - nous: mettrons
653	offrir - Imparfait - ils: offraient
654	essayer - Imparfait - tu: essayais
655	manger - Passé Simple - nous: mangeâmes

656	savoir - Imparfait - vous: saviez
657	sentir - Présent - il: sent
658	sortir - Passé Simple - vous: sortîtes
659	venir - Subjonctif - je: vienne
660	partir - Passé Simple - vous: partîtes
661	offrir - Conditionnel - nous: offririons
662	aller - Subjonctif - vous: alliez
663	appuyer - Présent - tu: appuies
664	recevoir - Passé Simple - vous: reçûtes
665	souvenir - Conditionnel - vous: souviendriez
666	suivre - Futur Simple - nous: suivrons
667	donner - Présent - il: donne
668	souvenir - Passé Simple - il: souvint
669	commencer - Futur Simple - nous: commencerons
670	préférer - Subjonctif - il: préfère
671	acheter - Conditionnel - vous: achèteriez
672	être - Passé Simple - il: fut
673	connaître - Futur Simple - vous: connaîtrez
674	peindre - Passé Simple - vous: peignîtes
675	manger - Subjonctif - je: mange
676	souvenir - Imparfait - je: souvenais
677	finir - Futur Simple - ils: finiront
678	suivre - Passé Simple - il: suivit
679	suivre - Conditionnel - nous: suivrions
680	recevoir - Présent - nous: recevons
681	avoir - Passé Simple - ils: eurent
682	ouvrir - Conditionnel - ils: ouvriraient
683	commencer - Présent - vous: commençez
684	partir - Subjonctif - ils: partent
685	jeter - Subjonctif - nous: jetions
686	rappeler - Imparfait - je: rappelais
687	vendre - Passé Simple - je: vendus
688	vendre - Conditionnel - je: vendrais
689	partir - Futur Simple - nous: partirons
690	souvenir - Subjonctif - vous: souveniez
691	commencer - Subjonctif - il: commence
692	sortir - Futur Simple - ils: sortiront
693	recevoir - Passé Simple - tu: reçus
694	voir - Futur Simple - je: verrai
695	pouvoir - Conditionnel - tu: pouvrais
696	savoir - Futur Simple - il: saura

697	ouvrir - Passé Simple - il: ouvrit
698	aller - Conditionnel - nous: irions
699	commencer - Imparfait - il: commençait
700	acheter - Imparfait - tu: achetais
701	dire - Présent - ils: disent
702	suivre - Imparfait - je: suivais
703	commencer - Conditionnel - nous: commencerions
704	écrire - Présent - tu: écris
705	sentir - Imparfait - je: sentais
706	vendre - Imparfait - ils: vendaient
707	mettre - Passé Simple - ils: mirent
708	ouvrir - Imparfait - ils: ouvraient
709	finir - Présent - je: finis
710	souvenir - Subjonctif - ils: souviennent
711	voir - Subjonctif - ils: voient
712	donner - Conditionnel - vous: donneriez
713	offrir - Passé Simple - vous: offrîtes
714	souvenir - Conditionnel - je: souviendrais
715	appuyer - Futur Simple - il: appuiera
716	jeter - Conditionnel - il: jetterait
717	voir - Présent - il: voit
718	manger - Passé Simple - vous: mangeâtes
719	jeter - Subjonctif - il: jette
720	préférer - Subjonctif - je: préfère
721	finir - Passé Simple - ils: finirent
722	commencer - Subjonctif - nous: commencions
723	préférer - Conditionnel - vous: préféreriez
724	finir - Subjonctif - ils: finissent
725	partir - Conditionnel - je: partirais
726	commencer - Imparfait - tu: commençais
727	voir - Futur Simple - nous: verrons
728	prendre - Subjonctif - je: prenne
729	pouvoir - Conditionnel - nous: pouvrions
730	aller - Subjonctif - nous: allions
731	manger - Futur Simple - tu: mangeras
732	souvenir - Présent - tu: souviens
733	mettre - Passé Simple - tu: mis
734	savoir - Subjonctif - tu: saches
735	savoir - Présent - je: sais
736	finir - Conditionnel - il: finirait
737	connaître - Futur Simple - ils: connaîtront

738	préférer - Imparfait - vous: préfériez
739	sortir - Conditionnel - vous: sortiriez
740	venir - Passé Simple - je: vins
741	dire - Subjonctif - il: dise
742	jeter - Conditionnel - je: jetterais
743	avoir - Imparfait - tu: avais
744	écrire - Passé Simple - je: écrivis
745	manger - Imparfait - je: mangeais
746	dire - Imparfait - nous: disions
747	jeter - Futur Simple - tu: jetteras
748	être - Subjonctif - tu: sois
749	employer - Conditionnel - tu: emploierais
750	finir - Imparfait - tu: finissais
751	faire - Futur Simple - vous: ferez
752	venir - Présent - ils: viennent
753	suivre - Futur Simple - ils: suivront
754	donner - Subjonctif - vous: donniez
755	voir - Subjonctif - il: voie
756	appuyer - Conditionnel - il: appuierait
757	pouvoir - Présent - ils: peuvent
758	prendre - Imparfait - tu: prenais
759	pouvoir - Conditionnel - il: pouvrait
760	savoir - Subjonctif - il: sache
761	donner - Subjonctif - il: donne
762	pouvoir - Passé Simple - vous: pûtes
763	écrire - Imparfait - ils: écrivaient
764	dire - Futur Simple - je: dirai
765	venir - Passé Simple - nous: vînmes
766	offrir - Futur Simple - nous: offrirons
767	savoir - Présent - tu: sais
768	mettre - Conditionnel - je: mettrais
769	pouvoir - Présent - tu: peux
770	dire - Présent - tu: dis
771	employer - Subjonctif - je: emploie
772	voir - Subjonctif - nous: voyions
773	suivre - Présent - je: suis
774	recevoir - Futur Simple - nous: recevrons
775	acheter - Imparfait - vous: achetiez
776	souvenir - Passé Simple - je: souvins
777	voir - Présent - nous: voyons
778	recevoir - Présent - je: reçois

779	rappeler - Subjonctif - je: rappelle
780	faire - Futur Simple - je: ferai
781	dire - Présent - vous: dites
782	finir - Présent - vous: finissez
783	ouvrir - Futur Simple - il: ouvrira
784	prendre - Passé Simple - ils: prirent
785	partir - Présent - tu: pars
786	préférer - Passé Simple - tu: préféras
787	préférer - Présent - il: préfère
788	vendre - Imparfait - tu: vendais
789	mettre - Imparfait - il: mettait
790	savoir - Présent - ils: savent
791	avoir - Subjonctif - vous: ayez
792	préférer - Imparfait - tu: préférais
793	jeter - Passé Simple - nous: jetâmes
794	essayer - Présent - tu: essaies
795	essayer - Futur Simple - ils: essaieront
796	avoir - Conditionnel - tu: aurais
797	pouvoir - Subjonctif - vous: puissiez
798	sortir - Subjonctif - il: sorte
799	offrir - Présent - nous: offrons
800	essayer - Futur Simple - il: essaiera
801	rappeler - Conditionnel - ils: rappelleraient
802	savoir - Futur Simple - je: saurai
803	savoir - Passé Simple - vous: sûtes
804	écrire - Subjonctif - tu: écrives
805	donner - Passé Simple - nous: donnâmes
806	peindre - Conditionnel - je: peindrais
807	prendre - Conditionnel - je: prendrais
808	commencer - Subjonctif - tu: commences
809	venir - Imparfait - je: venais
810	aller - Subjonctif - il: aille
811	rappeler - Futur Simple - vous: rappellerez
812	être - Conditionnel - je: serais
813	jeter - Présent - vous: jetez
814	essayer - Subjonctif - il: essaie
815	appuyer - Imparfait - tu: appuyais
816	donner - Passé Simple - ils: donnèrent
817	acheter - Futur Simple - ils: achèteront
818	manger - Présent - tu: manges
819	souvenir - Subjonctif - tu: souviennes

820	acheter - Passé Simple - vous: achetâtes
821	jeter - Futur Simple - nous: jetterons
822	jeter - Passé Simple - je: jetai
823	offrir - Subjonctif - je: offre
824	préférer - Futur Simple - tu: préféreras
825	sortir - Subjonctif - nous: sortions
826	lire - Imparfait - ils: lisaient
827	employer - Futur Simple - tu: emploieras
828	connaître - Conditionnel - ils: connaîtraient
829	acheter - Conditionnel - tu: achèterais
830	peindre - Passé Simple - je: peignis
831	appuyer - Subjonctif - tu: appuies
832	souvenir - Imparfait - ils: souvenaient
833	aller - Futur Simple - je: irai
834	souvenir - Présent - ils: souviennent
835	dire - Imparfait - je: disais
836	savoir - Futur Simple - ils: sauront
837	dire - Futur Simple - vous: direz
838	recevoir - Subjonctif - tu: reçoives
839	jeter - Subjonctif - je: jette
840	faire - Présent - tu: fais
841	aller - Imparfait - il: allait
842	jeter - Futur Simple - vous: jetterez
843	sortir - Passé Simple - je: sortis
844	préférer - Passé Simple - vous: préférâtes
845	recevoir - Présent - il: reçoit
846	lire - Passé Simple - il: lut
847	prendre - Subjonctif - ils: prennent
848	recevoir - Passé Simple - nous: reçûmes
849	commencer - Futur Simple - tu: commenceras
850	donner - Conditionnel - tu: donnerais
851	peindre - Conditionnel - nous: peindrions
852	rappeler - Passé Simple - il: rappela
853	manger - Subjonctif - ils: mangent
854	rappeler - Présent - ils: rappellent
855	recevoir - Imparfait - nous: recevions
856	venir - Passé Simple - il: vint
857	vendre - Conditionnel - il: vendrait
858	employer - Présent - je: emploie
859	manger - Imparfait - tu: mangeais
860	essayer - Subjonctif - vous: essayiez

861	souvenir - Imparfait - il:	souvenait
862	avoir - Passé Simple - vous:	eûtes
863	souvenir - Présent - nous:	souvenons
864	appuyer - Conditionnel - je:	appuierais
865	écrire - Subjonctif - je:	écrive
866	essayer - Conditionnel - nous:	essaierions
867	jeter - Subjonctif - tu:	jettes
868	voir - Passé Simple - ils:	virent
869	manger - Présent - nous:	mangeons
870	ouvrir - Présent - vous:	ouvrez
871	ouvrir - Passé Simple - vous:	ouvrîtes
872	être - Présent - il:	est
873	être - Futur Simple - vous:	serez
874	partir - Imparfait - il:	partait
875	sentir - Subjonctif - tu:	sentes
876	dire - Passé Simple - je:	dis
877	dire - Subjonctif - nous:	disions
878	prendre - Passé Simple - je:	pris
879	connaître - Imparfait - nous:	connaissions
880	aller - Subjonctif - je:	aille
881	peindre - Conditionnel - ils:	peindraient
882	commencer - Passé Simple - ils:	commencèrent
883	connaître - Passé Simple - tu:	connus
884	savoir - Passé Simple - ils:	surent
885	savoir - Subjonctif - vous:	sachiez
886	partir - Présent - nous:	partons
887	acheter - Passé Simple - nous:	achetâmes
888	avoir - Passé Simple - il:	eut
889	partir - Conditionnel - nous:	partirions
890	sentir - Imparfait - il:	sentait
891	dire - Subjonctif - ils:	disent
892	partir - Subjonctif - vous:	partiez
893	sentir - Imparfait - tu:	sentais
894	souvenir - Imparfait - vous:	souveniez
895	pouvoir - Conditionnel - ils:	pourraient
896	essayer - Subjonctif - je:	essaie
897	préférer - Subjonctif - tu:	préfères
898	dire - Présent - il:	dit
899	faire - Imparfait - ils:	faisaient
900	souvenir - Présent - je:	souviens
901	vendre - Passé Simple - tu:	vendus

902	sortir - Conditionnel - je: sortirais
903	finir - Futur Simple - je: finirai
904	finir - Futur Simple - vous: finirez
905	employer - Passé Simple - nous: employâmes
906	être - Présent - nous: sommes
907	rappeler - Présent - je: rappelle
908	commencer - Conditionnel - il: commencerait
909	peindre - Imparfait - nous: peignions
910	acheter - Conditionnel - il: achèterait
911	peindre - Futur Simple - nous: peindrons
912	ouvrir - Futur Simple - nous: ouvrirons
913	connaître - Futur Simple - je: connaîtrai
914	avoir - Conditionnel - nous: aurions
915	souvenir - Conditionnel - il: souviendrait
916	venir - Présent - il: vient
917	rappeler - Imparfait - vous: rappeliez
918	aller - Passé Simple - vous: allâtes
919	rappeler - Imparfait - nous: rappelions
920	savoir - Subjonctif - ils: sachent
921	souvenir - Imparfait - tu: souvenais
922	dire - Passé Simple - nous: dîmes
923	vendre - Subjonctif - nous: vendions
924	acheter - Présent - vous: achetez
925	sentir - Passé Simple - vous: sentîtes
926	offrir - Passé Simple - il: offrit
927	prendre - Imparfait - ils: prenaient
928	aller - Présent - nous: allons
929	ouvrir - Imparfait - nous: ouvrions
930	voir - Présent - tu: vois
931	pouvoir - Imparfait - nous: pouvions
932	employer - Imparfait - nous: employions
933	offrir - Futur Simple - ils: offriront
934	sentir - Futur Simple - ils: sentiront
935	essayer - Passé Simple - tu: essayas
936	finir - Passé Simple - tu: finis
937	essayer - Passé Simple - vous: essayâtes
938	employer - Passé Simple - il: employa
939	offrir - Conditionnel - il: offrirait
940	commencer - Passé Simple - tu: commenças
941	venir - Présent - vous: venez
942	manger - Présent - il: mange

943	lire - Futur Simple - je: lirai
944	essayer - Subjonctif - tu: essaies
945	voir - Imparfait - tu: voyais
946	venir - Subjonctif - ils: viennent
947	pouvoir - Futur Simple - ils: pourront
948	pouvoir - Subjonctif - nous: puissions
949	prendre - Passé Simple - nous: prîmes
950	savoir - Conditionnel - ils: sauraient
951	ouvrir - Futur Simple - tu: ouvriras
952	manger - Présent - vous: mangez
953	connaître - Imparfait - il: connaissait
954	offrir - Subjonctif - il: offre
955	donner - Subjonctif - nous: donnions
956	préférer - Conditionnel - je: préférerais
957	lire - Futur Simple - ils: liront
958	sentir - Futur Simple - je: sentirai
959	être - Imparfait - je: étais
960	pouvoir - Conditionnel - vous: pourriez
961	peindre - Passé Simple - ils: peignirent
962	prendre - Futur Simple - vous: prendrez
963	offrir - Conditionnel - je: offrirais
964	rappeler - Passé Simple - nous: rappelâmes
965	finir - Passé Simple - il: finit
966	recevoir - Imparfait - il: recevait
967	être - Conditionnel - il: serait
968	prendre - Passé Simple - il: prit
969	acheter - Passé Simple - je: achetai
970	employer - Futur Simple - je: emploierai
971	essayer - Conditionnel - tu: essaierais
972	souvenir - Futur Simple - nous: souviendrons
973	être - Passé Simple - vous: fûtes
974	donner - Passé Simple - il: donna
975	recevoir - Passé Simple - ils: reçurent
976	souvenir - Passé Simple - vous: souvîntes
977	offrir - Futur Simple - je: offrirai
978	mettre - Conditionnel - ils: mettraient
979	donner - Futur Simple - nous: donnerons
980	connaître - Imparfait - vous: connaissiez
981	suivre - Présent - vous: suivez
982	ouvrir - Présent - ils: ouvrent
983	lire - Subjonctif - ils: lisent

984	être - Subjonctif - ils: soient
985	essayer - Passé Simple - il: essaya
986	écrire - Conditionnel - nous: écririons
987	prendre - Imparfait - nous: prenions
988	ouvrir - Imparfait - je: ouvrais
989	donner - Imparfait - il: donnait
990	partir - Futur Simple - vous: partirez
991	être - Subjonctif - nous: soyons
992	sentir - Subjonctif - nous: sentions
993	rappeler - Subjonctif - nous: rappellions
994	jeter - Imparfait - vous: jetiez
995	écrire - Futur Simple - nous: écrirons
996	peindre - Futur Simple - ils: peindront
997	avoir - Conditionnel - vous: auriez
998	faire - Conditionnel - il: ferait
999	avoir - Futur Simple - vous: aurez
1000	rappeler - Passé Simple - ils: rappelèrent
1001	acheter - Imparfait - ils: achetaient
1002	commencer - Conditionnel - tu: commencerais
1003	offrir - Subjonctif - vous: offriez
1004	ouvrir - Futur Simple - ils: ouvriront
1005	lire - Passé Simple - vous: lûtes
1006	jeter - Imparfait - je: jetais
1007	aller - Futur Simple - il: ira
1008	lire - Passé Simple - ils: lurent
1009	ouvrir - Conditionnel - il: ouvrirait
1010	sentir - Subjonctif - je: sente
1011	lire - Passé Simple - je: lus
1012	écrire - Futur Simple - tu: écriras
1013	mettre - Présent - ils: mettent
1014	rappeler - Conditionnel - vous: rappelleriez
1015	acheter - Futur Simple - je: achèterai
1016	donner - Subjonctif - je: donne
1017	peindre - Présent - vous: peignez
1018	sentir - Passé Simple - nous: sentîmes
1019	sentir - Subjonctif - ils: sentent
1020	manger - Futur Simple - vous: mangerez
1021	mettre - Conditionnel - nous: mettrions
1022	commencer - Passé Simple - je: commençai
1023	dire - Subjonctif - je: dise
1024	voir - Conditionnel - tu: verrais

1025	prendre - Subjonctif - il:	prenne
1026	peindre - Imparfait - ils:	peignaient
1027	suivre - Subjonctif - je:	suive
1028	essayer - Conditionnel - je:	essaierais
1029	manger - Conditionnel - vous:	mangeriez
1030	offrir - Imparfait - je:	offrais
1031	suivre - Passé Simple - nous:	suivîmes
1032	sentir - Présent - ils:	sentent
1033	ouvrir - Subjonctif - il:	ouvre
1034	employer - Subjonctif - nous:	employions
1035	pouvoir - Subjonctif - tu:	puisses
1036	pouvoir - Imparfait - il:	pouvait
1037	essayer - Passé Simple - nous:	essayâmes
1038	mettre - Conditionnel - il:	mettrait
1039	sortir - Futur Simple - vous:	sortirez
1040	être - Imparfait - nous:	étions
1041	partir - Passé Simple - je:	partis
1042	prendre - Conditionnel - tu:	prendrais
1043	faire - Imparfait - tu:	faisais
1044	faire - Passé Simple - tu:	fis
1045	faire - Futur Simple - ils:	feront
1046	sentir - Passé Simple - il:	sentit
1047	vendre - Conditionnel - vous:	vendriez
1048	peindre - Imparfait - il:	peignait
1049	écrire - Conditionnel - ils:	écriraient
1050	essayer - Futur Simple - tu:	essaieras
1051	appuyer - Imparfait - il:	appuyait
1052	recevoir - Subjonctif - nous:	recevions
1053	ouvrir - Présent - il:	ouvre
1054	finir - Conditionnel - je:	finirais
1055	aller - Présent - il:	va
1056	savoir - Passé Simple - nous:	sûmes
1057	rappeler - Passé Simple - je:	rappelai
1058	partir - Imparfait - ils:	partaient
1059	être - Présent - ils:	sont
1060	acheter - Présent - tu:	achètes
1061	jeter - Futur Simple - je:	jetterai
1062	sortir - Passé Simple - ils:	sortirent
1063	commencer - Imparfait - je:	commençais
1064	avoir - Conditionnel - je:	aurais
1065	vendre - Futur Simple - ils:	vendront

1066	écrire - Imparfait - je: écrivais
1067	aller - Conditionnel - il: irait
1068	préférer - Passé Simple - ils: préférèrent
1069	voir - Subjonctif - tu: voies
1070	sortir - Futur Simple - nous: sortirons
1071	recevoir - Conditionnel - il: offrirait
1072	vendre - Futur Simple - tu: vendras
1073	souvenir - Passé Simple - tu: souvins
1074	prendre - Présent - tu: prends
1075	ouvrir - Conditionnel - nous: ouvririons
1076	dire - Imparfait - ils: disaient
1077	préférer - Passé Simple - nous: préférâmes
1078	venir - Présent - nous: venons
1079	sentir - Passé Simple - ils: sentirent
1080	partir - Subjonctif - nous: partions
1081	faire - Subjonctif - tu: fasses
1082	avoir - Subjonctif - il: ait
1083	dire - Passé Simple - il: dit
1084	finir - Futur Simple - nous: finirons
1085	écrire - Imparfait - il: écrivait
1086	connaître - Conditionnel - je: connaîtrais
1087	suivre - Présent - nous: suivons
1088	savoir - Conditionnel - vous: sauriez
1089	faire - Présent - je: fais
1090	suivre - Imparfait - nous: suivions
1091	finir - Imparfait - ils: finissaient
1092	rappeler - Présent - tu: rappelles
1093	lire - Futur Simple - tu: liras
1094	souvenir - Présent - il: souvient
1095	employer - Imparfait - ils: employaient
1096	rappeler - Présent - il: rappelle
1097	jeter - Imparfait - nous: jetions
1098	employer - Présent - ils: emploient
1099	souvenir - Subjonctif - il: souvienne
1100	jeter - Conditionnel - vous: jetteriez
1101	sortir - Subjonctif - tu: sortes
1102	pouvoir - Futur Simple - vous: pourrez
1103	avoir - Futur Simple - ils: auront
1104	dire - Passé Simple - tu: dis
1105	savoir - Conditionnel - tu: saurais
1106	commencer - Imparfait - nous: commencions

1107	être - Passé Simple - tu:	fus
1108	peindre - Subjonctif - vous:	peigniez
1109	aller - Présent - vous:	allez
1110	avoir - Présent - nous:	avons
1111	sortir - Imparfait - vous:	sortiez
1112	donner - Imparfait - tu:	donnais
1113	recevoir - Passé Simple - il:	reçut
1114	voir - Futur Simple - il:	verra
1115	manger - Passé Simple - je:	mangeai
1116	donner - Futur Simple - je:	donnerai
1117	manger - Subjonctif - tu:	manges
1118	partir - Présent - ils:	partent
1119	jeter - Passé Simple - tu:	jetas
1120	recevoir - Futur Simple - vous:	recevrez
1121	essayer - Conditionnel - ils:	essaieraient
1122	peindre - Subjonctif - nous:	peignions
1123	faire - Passé Simple - ils:	firent
1124	acheter - Futur Simple - vous:	achèterez
1125	sortir - Présent - je:	sors
1126	donner - Futur Simple - il:	donnera
1127	mettre - Imparfait - nous:	mettions
1128	peindre - Passé Simple - nous:	peignîmes
1129	recevoir - Imparfait - vous:	receviez
1130	recevoir - Futur Simple - ils:	recevront
1131	voir - Conditionnel - je:	verrais
1132	suivre - Imparfait - vous:	suiviez
1133	donner - Présent - nous:	donnons
1134	peindre - Passé Simple - il:	peignit
1135	finir - Imparfait - je:	finissais
1136	sortir - Conditionnel - tu:	sortirais
1137	venir - Futur Simple - il:	viendra
1138	employer - Imparfait - tu:	employais
1139	dire - Futur Simple - tu:	diras
1140	pouvoir - Présent - je:	peux
1141	employer - Conditionnel - vous:	emploieriez
1142	avoir - Passé Simple - tu:	eus
1143	voir - Passé Simple - il:	vit
1144	ouvrir - Subjonctif - tu:	ouvres
1145	sortir - Imparfait - je:	sortais
1146	être - Subjonctif - vous:	soyez
1147	partir - Imparfait - nous:	partions

1148	lire - Conditionnel - ils: liraient
1149	avoir - Imparfait - nous: avions
1150	suivre - Subjonctif - nous: suivions
1151	faire - Subjonctif - vous: fassiez
1152	venir - Subjonctif - nous: venions
1153	savoir - Imparfait - il: savait
1154	savoir - Conditionnel - je: saurais
1155	lire - Subjonctif - il: lise
1156	savoir - Imparfait - tu: savais
1157	ouvrir - Passé Simple - ils: ouvrirent
1158	venir - Subjonctif - il: vienne
1159	être - Futur Simple - nous: serons
1160	essayer - Passé Simple - ils: essayèrent
1161	souvenir - Passé Simple - ils: souvinrent
1162	être - Présent - je: suis
1163	peindre - Conditionnel - vous: peindriez
1164	acheter - Subjonctif - vous: achetiez
1165	donner - Présent - je: donne
1166	recevoir - Subjonctif - je: reçoive
1167	rappeler - Futur Simple - je: rappellerai
1168	appuyer - Présent - je: appuie
1169	prendre - Conditionnel - ils: prendraient
1170	voir - Présent - vous: voyez
1171	pouvoir - Subjonctif - il: puisse
1172	écrire - Subjonctif - nous: écrivions
1173	appuyer - Conditionnel - tu: appuierais
1174	écrire - Conditionnel - vous: écririez
1175	rappeler - Futur Simple - nous: rappellerons
1176	offrir - Passé Simple - tu: offris
1177	vendre - Présent - tu: vends
1178	peindre - Conditionnel - tu: peindrais
1179	lire - Conditionnel - je: lirais
1180	mettre - Futur Simple - ils: mettront
1181	être - Subjonctif - il: soit
1182	connaître - Présent - vous: connaissez
1183	venir - Présent - je: viens
1184	être - Passé Simple - je: fus
1185	finir - Présent - nous: finissons
1186	sentir - Conditionnel - tu: sentirais
1187	finir - Subjonctif - nous: finissions
1188	manger - Futur Simple - il: mangera

1189	acheter - Imparfait - il:	achetait
1190	donner - Imparfait - nous:	donnions
1191	lire - Imparfait - nous:	lisions
1192	lire - Subjonctif - nous:	lisions
1193	vendre - Subjonctif - vous:	vendiez
1194	sortir - Conditionnel - nous:	sortirions
1195	partir - Subjonctif - il:	parte
1196	voir - Présent - je:	vois
1197	ouvrir - Conditionnel - je:	ouvrirais
1198	préférer - Futur Simple - je:	préférerai
1199	mettre - Imparfait - je:	mettais
1200	appuyer - Conditionnel - vous:	appuieriez

Made in the USA
Las Vegas, NV
12 December 2024

13891974R00051